VILLE DE SAINT-DIZIER

PROJET

DE

DISTRIBUTION D'EAU

RAPPORT

A M. LE MAIRE ET A MM. LES MEMBRES DU CONSEIL MUNICIPAL

PAR

H. GARNIER

Ingénieur des Arts et Manufactures.

SAINT-DIZIER

CARNANDET, IMPRIMEUR-ÉDITEUR, RUE DE LAUNE, 10.

1874

VILLE DE SAINT-DIZIER

PROJET

DE

DISTRIBUTION D'EAU

RAPPORT

A M. LE MAIRE ET A MM. LES MEMBRES DU CONSEIL MUNICIPAL

PAR

H. GARNIER

Ingénieur des Arts et Manufactures.

SAINT-DIZIER

CARNANDET, IMPRIMEUR-ÉDITEUR, RUE DE LAUNE. 10.

1874

TABLE DES MATIÈRES

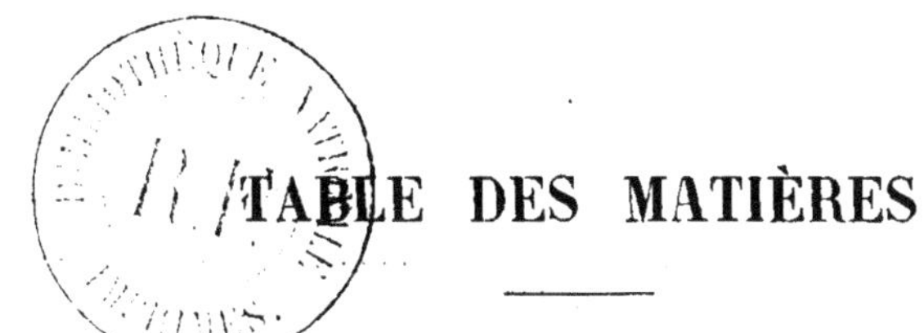

ERRATA

VILLE DE SAINT-DIZIER

RAPPORT

A MONSIEUR LE MAIRE

ET

A MM. LES CONSEILLERS MUNICIPAUX

SUR

UN PROJET DE DISTRIBUTION D'EAU

INTRODUCTION

Principes généraux servant de base à un projet de distribution

§ 1 — EXPOSÉ.

Dans sa séance du 17 novembre 1868, le conseil municipal de la ville de Saint-Dizier, a bien voulu nous confier le soin,

1° De rechercher le meilleur système pour amener au point culminant de la ville, l'eau de la Marne, en quantité suffisante pour l'alimentation du pays.

2° D'indiquer les moyens qui nous paraissent les plus économiques, tout en présentant de grandes garanties de solidité, pour l'établissement des moteurs, machines, pompes, réservoirs, conduites, regards, bornes-fontaines, etc.

3° De présenter des plans et devis complets, de telle sorte que la ville avant d'entreprendre sache quel est le montant de la dépense.

Nous venons, dans ce mémoire, exposer le résultat de nos recherches et de nos études, que nous soumettons à l'approbation du conseil municipal.

Mais avant d'attaquer le fond du sujet qui nous occupe, nous croyons devoir reprendre avec quelques développements, les causes qui ont motivé les décisions précédemment énoncées, et qui avaient été étudiées par la commission nommée à cet effet; nous n'avons d'autre but que celui de faire une étude d'ensemble et complète de la distribution d'eau à Saint-Dizier.

§ 2 — NÉCESSITÉ D'UNE DISTRIBUTION D'EAU A SAINT-DIZIER

Il est évident au premier chef pour quiconque connaît la ville de Saint-Dizier, pour quiconque l'a habitée pendant quelques années, qu'elle manque complétement d'eau pour les services publics, et surtout pour les besoins particuliers.

Pour nous qui avons vu les étés de 1868, 1869 et 1873, nous avons reconnu l'impossibilité de résoudre le problème si souvent tenté par diverses administrations, d'alimenter naturellement, par les sources souterraines, les différentes fontaines de la ville.

Notamment en 1868, sur 844 puits publics et privés que l'on compte à Saint-Dizier, 134 étaient entièrement taris, et 313 donnaient à peine quelques sceaux d'eau; à partir de huit heures du matin, plus de la moitié étaient complétement à sec.

Il n'est personne qui ne reconnaisse combien est impérieuse la création d'un service, qui établirait l'épuration des égouts, la désinfection des rues, l'assainissement général, et faciliterait les besoins de la consommation particulière.

« Aujourd'hui, disait monsieur le rapporteur de la commission de 1868, l'arrosage public est impossible dans les temps de sécheresse, personne ne songe à réclamer l'application des réglements de police, personne ne fait les arrosages prescrits par les arrêtés municipaux; l'autorité est impuissante pour faire observer les réglements, l'eau manque, la bonne volonté des habitants est annihilée. »

Nous ne parlons pas des cas d'incendie qui peuvent se produire et qui seraient terribles s'ils éclataient au centre de la ville; dans les temps de sécheresse surtout, où quelques puits particuliers servent seuls à l'alimentation et aux besoins d'une partie de la population, les conséquences du feu seraient épouvantables.

« Ce seul danger, disait M. Robert Dehault, rendrait la distribution d'eau indispensable à Saint-Dizier. »

Il ne suffirait pas comme quelques personnes l'ont proposé, de multiplier le nombre des puits, d'amener quelque faible source des environs pour le lavage partiel des ruisseaux, et dans la prévision des incendies. Nous vivons dans un siècle, où les besoins augmentent avec une progression extraordinaire: besoins industriels, exigence du bien être et du confortable dans toutes les classes de la société, généralisation des habitudes d'hygiène et de propreté, deviennent une loi universelle, et imposent à toute administration le devoir de doter la ville qu'elle gouverne, d'une large et complète distribution d'eau.

§ 3 — VOLUME D'EAU NÉCESSAIRE A L'APPROVISIONNEMENT NORMAL.

Cette question, résolue par les auteurs de diverses manières, peut cependant se résumer ainsi: Les eaux destinées à une ville servent à trois usages ;

1° — Les besoins domestiques et industriels.

2° — L'assainissement des rues.

3° — L'alimentation des fontaines publiques.

1° — *Besoins domestiques.* — Le volume d'eau ¡varie suivant le climat et les habitudes hygiéniques. — A Paris les besoins d'un homme exigent par jour, pour la boisson, 2 litres.

                        pour les soins du ménage, 18 à 22 »

          Total. 20 à 25 litres.

En Angleterre, pays où l'emploi de l'eau est le plus développé, voici ce que nous remarquons : Le conseil général de la salubrité publique a demandé 31 litres par habitant, à Londres; à Preston, 30 litres ; à Liverpool, 30 à 35 litres. Le chiffre de 36 litres par habitant, nous semble devoir être considéré comme une bonne moyenne ; dans une distribution bien entendue, on doit encore tenir compte des données suivantes et réserver par jour,

Par cheval	75 litres
Par vache	75 »
Par voiture à 2 roues	40 »
Par voiture à 4 roues (de luxe)	200 »
id. (de louage)	50 »
Par mètre carré de cour ou jardin	3 »

Besoins industriels. — Nous réservons,

Par chaque boutique	100 »
Par hectolitre de bière	200 »
Par bain	350 »
Par machine haute pression, sans condensation, par cheval et par heure	50 »
Par machine haute pression et à condensation	450 à 600 »
Par ouvrier de fabrique	5 »

Il est assez diffiicile d'évaluer par habitant, la quantité d'eau correspondante à ces différentes consommations. Mais en tenant compte que le nombre des chevaux et des voitures n'est pas proportionnel au nombre des habitants, en s'assurant avant de terminer le projet, du consentement des industriels interressés, on arrivera à fixer un chiffre à peu près certain de la consommation journalière. Dès à présent, et en nous autorisant des exemples nombreux que nous avons sous les yeux, nous arrêtons cette quantité à 28 litres par habitant et par jour.

2° — *Assainissement des rues.* — L'assainissement des rues se compose de deux parties, l'arrosage général des chaussées et trottoirs, et le lavage des ruisseaux ; nous arriverons à ce résultat au moyen de bornes-fontaines et de bouches sous trottoirs.

Pour rendre ces lavages utiles et efficaces, il faut débiter par borne-fontaine, 8 pouces d'eau par seconde, (1) c'est-à-dire 1 litre 75. Le lavage des ruisseaux et des égouts consomme par robinet, 5 à 6000 litres, par jour, et l'arrosage des rues 1 litre par mètre carré.

Si nous admettons 50 robinets de lavage, nous aurons une consommation d'eau par jour, de   300 m. c.
et par l'arrosage qui se répètera 2 fois par jour   120 m. c.

                    au total   420 m. c.

Ce qui produit par habitant environ 20 litres par jour.

3° Quant aux fontaines publiques, qui servent non seulement à la décoration, mais aux assainissements et à l'alimentation, nous en fixerons à *priori* le nombre à trois. L'une, grande et monumentale, sera établie sur la place de l'Hôtel-de-Ville, et consommera 4 litres par seconde. Les deux autres plus restreintes donneront 2 litres par seconde chacune et seront placées au faubourg de Lanoue d'une part, sur la place du

---

Nota — Un pouce d'eau, où pouce de fontainier, est la quantité d'eau qui s'écoule par 1'', par un orifice de 0.027, percé au mince perçoir, avec une charge de 0.0022 au dessus de l'orifice. Le produit en 24 heures est de 19 m.c., 1955.

Grand-Jardin ; au faubourg de Gigny d'autre part sur la place de l'Hôpital. Plus tard, lorsque la ville aura pris un accroissement considérable, s'il convient à l'administration d'embellir les promenades publiques du Jard, il sera facile d'y établir un jet d'eau pouvant consommer également deux litres par seconde.

Toutes ces fontaines dépensent ainsi par habitant, environ 22 litres par jour.

Du reste, tous ces calculs sont faits dans la prévision d'une augmentation notable de la population ; aujourd'hui le recensement porte la population intra-muros de Saint-Dizier au chiffre de 10,000, sur lesquels 7 à 8,000 à peine jouiront des bienfaits de la distribution ; nous supposons le chiffre doublé, et nous établirons tout notre travail, en calculant sur une population de 20,000 habitants.

En résumant ce qui précède, et, sous le bénéfice de cette dernière observation, la consommation journalière de la ville de Saint-Dizier sera repartie ainsi qu'il suit dans l'avenir : savoir,

Besoins domestiques	30 litres
« industriels	28 »
Arrosage des rues et lavage des ruisseaux	20 »
Fontaines publiques	22 »
Total	100 litres,

par habitant, ce qui nous permettra de bénéficier de 200 litres pour le présent.

Or, si nous voulons examiner ce qui se passe dans les autres villes déjà douées de fontaines publiques, nous remarquerons que, sans avoir rien exagéré, nous nous maintenons dans des conditions largement, rigoureusement nécessaires pour assurer à la ville, pendant une période de temps illimité, tous les avantages d'une distribution d'eau consciencieusement étudiée. Du reste, les auteurs sont tous d'accord à cet égard. M. Darcy, dans ses *Eaux et Fontaines de la ville de Dijon*, fixe la quantité d'eau nécessaire par jour et par habitant à 170 litres, MM. Flachat et Lauras, pour la ville de Madrid, à 140 litres.

Le tableau suivant nous montre que le chiffre de 200 litres est atteint souvent et fortement dépassé.

TABLEAU COMPARATIF

DE LA CONSOMMATION D'EAU DANS DIFFRENTES VILLES

VILLES	NOMBRE D'HABITANTS	CONSOMMATION PAR JOUR	CONSOMMATION
Paris	1727500	90 litres	sera porté à 200 l.
Metz	57000	25 »	reconnu insuffis.
Le Hâvre	62500	45 »	
Bordeaux	140000	120 »	
Marseille	215000	180 »	
Nantes	110000	60 »	
Besançon	45000	246 »	
Dijon	56000	240 »	portée d'ab. à 170
Lons-le-Saulnier	9500	40 »	
Lyon	52000	85 »	augmentée
Montpellier	40600	65 »	
Glascow	329000	100 »	
Londres	2500000	95 »	augmenté e
Richemont	20000	180 »	
New-York	450000	410 »	
Carcassonne	18000	400 »	

§ 4 — DIFFÉRENTS MOYENS D'ALIMENTATION. — MODE APPLIQUABLE A LA VILLE DE SAINT-DIZIER.

Deux moyens se présentent à l'Etude, dans la question qui nous occupe.

1° Les sources artificielles.

2° Les sources naturelles.

1° Des *sources artificielles*.

On peut tirer parti des eaux souterraines, lorsque la position géologique d'une ville permet de les utiliser, soit en réunissant toutes les eaux des collines voisines au moyen de drains collecteurs, soit au moyen de puits artésiens, lorsque les hommes compétents ont autorisé l'emploi de ce système ; mais nous considérons que l'on ne doit employer ce mode qu'à la dernière extrémité, lorsqu'aucune autre solution ne permet pas l'application d'une idée plus simple ; se lancer dans la création d'un puits artésien, c'est courir une aventure qui peut amener bien des déboires.

La ville de Bar-le-Duc a dépensé 75,000 francs en pure perte pour les sondages d'un puits artésien dont l'existence avait été reconnue probable par des hommes de l'art, et n'a obtenu aucun résultat.

Quant à la ville de Saint-Dizier, cette question, qui avait séduit les administrations précédentes, a été étudiée avec soin, soumise à l'examen des autorités les plus sérieuses et finalement abandonnée. L'abbé Paramel, l'hydroscope Vautrot, n'ont abouti dans leurs recherches à aucun résultat digne d'attention. La Commission de 1868 avait elle-même repris ces études ; mais elle a dû également les rejeter après un travail complètement infructueux.

Les eaux souterraines des collines voisines, présentent plus de chance de succès ; mais elles ont encore un inconvénient énorme, c'est de ne pas assurer un débit constant, et d'entraîner à des dépenses trop considérables pour leur captation. Nous considérons que l'on ne peut soulever ce projet d'une façon sérieuse, alors que nous avons, sous la main, toutes les ressources nécessaires et dans les conditions les plus favorables, ainsi que nous allons le voir dans un instant.

2° *Des sources naturelles.*

Lorsqu'on trouve à proximité d'une ville, une source très-abondante, une rivière, dont le niveau est à une altitude suffisante pour dominer les points les plus élevés de l'alimentation, on est dans les meilleures conditions possibles ; on amène alors les eaux au moyen d'aqueducs, ou de conduits en fonte, et elles se distribuent naturellement dans tous les quartiers et à toutes les hauteurs ; de là point de machine, point ou peu d'entretien.

Si ces sources ou rivières existantes ne sont pas assez élevées, on se sert de machines pour amener les eaux, dans un réservoir, au point culminant de la ville.

Nous trouvons à dix kilomètres environ de Saint-Dizier une source appelé le Pas-Saint-Martin, qui, dès l'abord, avait attiré l'attention du Conseil municipal. Cette source, située à une certaine altitude, donne une eau très-belle, et relativement abondante. Mais il résulte du rapport de la Commission de 1868, que les eaux de cette fontaine seraient complètement insuffisantes pour alimenter la ville ; en effet, d'après des expériences faites par l'administration des ponts-et-chaussés, le débit moyen est à peine de 8 à 10 litres par seconde, tandis que la quantité que nous voulons obtenir est de 46 litres, 50.

Mais alors, nous dira-t-on, pourquoi ne pas aller plus loin ; à 15 ou 20 kilomètres, on peut trouver des sources, exproprier des rivières et résoudre le problème ? Et l'on nous cite l'exemple de la ville de Chaumont, qui vient, de créer une nouvelle distribution. Elle prend en effet ses eaux à 10 ou 12 kilomètres, et dépense 350,000 francs pour capter des sources et les amener seulement à ses portes.

Or, si la ville de Chaumont n'emploie pas de moteur à vapeur, si elle supprime celui qui existe, qui ne donne que 14 litres par habitant et par jour et qui est fort défectueux au point de vue des progrès actuels de la science hydraulique, c'est, ainsi que l'a fait remarquer fort judicieusement M. Trautmann (1), qu'il faut élever l'eau à 70 m. de hauteur. De ce fait, une transformation du moteur actuel entraînerait la ville dans une dépense annuelle et d'entretien de 38 à 40,000 francs pour la machine seule, sans tenir compte de l'amortissement des frais de premier établissement.

La situation géologique de Saint-Dizier est loin d'être aussi ingrate, et, d'un autre côté, nous offre des ressources inespérées. Nous verrons plus loin que le système que nous proposons est, de beaucoup, plus avantageux, sous le rapport de l'économie et du rendement.

Du reste, la Commission de 1868 avait tellement bien compris l'inanité d'autres moyens, qu'elle en avait abandonné complètement l'étude, et que le Conseil, sur le rapport de sa commission, a décidé que pour alimenter la ville, il fallait prendre les eaux de la Marne.

La Marne, en effet, cours d'eau puissant, intarissable (*dans les plus plus grandes sécheresses, elle débite encore* 400 *litres par seconde*), nous offre une quantité d'eau inépuisable, capable de satisfaire largement à tous les besoins d'une distribution sérieusement établie.

La principal objection qu'on nous ait faite, alors que nous préconisions les eaux de cette rivière provient de leur impureté

---

(1) M. Trautmann, ingénieur en chef des mines. Rapport présenté à M. le maire de Chaumont, sur un projet de M. Monniot architecte à Châtillon-s-Seine.

en temps normal, de leur trouble en hiver et dans les temps
de crues ; nous réduirons plus loin cette objection à sa juste
valeur, en spécifiant les procédés que nous proposons.

§ 5 — QUALITÉS QUE DOIVENT PRÉSENTER LES EAUX DÉRIVÉES.

Cette étude a soulevé, jusqu'à nos jours, de sérieuses con-
troverses; les médecins, les chimistes, les ingénieurs ont été
divisés en deux camps, les uns prônant les eaux douces, les
autres les eaux crues. (1)

En Angleterre, cette question si importante de la qualité de
l'eau, a été soumise à une enquête, à la suite de laquelle le co-
mité général d'hygiène et de salubrité publique a décidé que :

« *L'eau à choisir pour l'alimentation d'une ville doit être l'im-
pide, douce, aérée, et présenter une température à peu près uniforme,
fraîche en été, chaude en hiver.*

« *Qu'elle ne doit renfermer ni matières animales, ni substances
végétales, ni sels terreux et métalliques.* »

Cette définition renferme les opinions généralement ad-
mises, excepté toutefois sur les derniers points ; en effet, en
France, les hommes compétents, chimistes, médecins, décla-
rent qu'une eau, renfermant une certaine quantité de sels terreux et métalliques, sera plus potable qu'une eau n'en conte-
nant point, toutes choses égales d'ailleurs.

Pour en revenir à la décision du Conseil général de salubrité
de Londres, on doit remarquer qu'il sera très-difficile de réunir
toujours toutes les qualités demandées ; il faut donc établir une
base qui permette de comparer les eaux à un type commun et,

---

(1) On entend par eaux douces les eaux qui se rapprochent le plus des
eaux distillées, et renferment peu ou point de sels de chaux en dissolution ;
les eaux crues sont l'inverse.

par suite, d'évaluer rapidement leur plus ou moins d'aptiude à être employées pour la consommation publique.

Les différents chimistes, qui se sont occupés de la question, considèrent que la quantité de sels terreux (*chaux ou magnésie*) contenus dans une eau, en indiquent exactement le degré de crudité, ce qu'on est convenu d'appeler *degré de Hardness.*

L'eau distillée étant prise pour type, et son degré de crudité étant 0, la quantité de sels terreux comprise dans les différentes eaux que l'on devra comparer, formera le degré de crudité.

L'hydrotimétrie nous donne les moyens simples, faciles qui permettent de résoudre ce problème.

Les principales sources d'Angleterre, présentent les résultats suivants:

Tamise à Chelsea	13°	Glasc. eau des montag.	4°
d° à Londres-Bridge	19°	Edimbourg	5°
d° à Greenwich	17°	Newcaste	5°
Liverpool	12 à 15°	Aberdeen	1°
Manchester	12°	Farnham	1 à 2°
Clyde à Glascow	15°	Bolton	1°

En France, les différentes analyses ont donné des chiffres beaucoup plus élevés.

Allier à Moulins	3.5	Canal de l'Ourcq	38.
Dordogne à Libourne	4.5	Près Saint-Gervais	72.
Garonne	4.5	Puils de Belleville	130.
» à Toulouse	13.	La Mouillère près	
Loire à Tours	5.5	Besançon	11.
Somme-Soude	13.5	Séclin à Lille	40.
Rhône	15.	Source de Laon	26.
Vesle à Reims	19.	Puits artésien	
Doubs	22.	» de Grenelle	9.
Seine à Chaillot	23.	» de Passy	11.
Marne à Charenton	23.	Eaux d'Arcueil	28.
La Dhuis à la source	24.	Source du Duc, près	
Escaut à Valenciennes	24.5	Narbonne	12.

(1) On dit qu'une eau accuse un degré de crudité, quand un litre d'eau renferme une dissolution de 0 gr. 01 de sel terreux.

En Angleterre :

La moyenne des eaux de sources et de puits est de   25°

La moyenne des eaux de rivières est de   15°

En France, la moyenne des { eaux de source est de   26°

{ eaux de rivière est de   18°

Il résulte donc de ces observations, que les eaux de rivières sont, en général plus potables que les eaux de sources.

L'influence du carbonate de chaux dans la consommation se fait sentir de plusieurs manières. Dans le blanchissage, il transforme le savon, en savon terreux et insoluble, facilement reconnaissable par les grumeaux qui se forment et qui surnagent. La dépense de savon devient plus considérable, le linge est moins blanc et plus facilement détruit.

Dans la cuisson des légumes et des viandes, les fibres sont endurcies par la précipitation moléculaire du carbonate de chaux, une partie des sucs nutritifs sont absorbés pour former avec la chaux des sels insolubles.

Dans l'infusion de thé, la partie astringente et active de la feuille est précipitée à l'état de tannate, en sorte qu'avec une eau très-crue, il se forme des dépôts bruns très-abondants, et l'infusion perd une grande partie de sa force et de son mérite.

Pour la fabrication de la bière, le tannage des cuirs, l'expérience, d'accord avec la théorie, a nettement indiqué la supériorité de l'eau douce sur l'eau chargée de sels calcaires.

Dans les chaudières à vapeur, les eaux crues forment des incrustations, occasionnent une plus grande dépense de combustible, et produisent des explosions.

Au point de vue de la médecine et de la santé générale, les eaux, trop chargées de carbonate de chaux, produisent facilement une obstruction des viscères, en diminuant les sécrétions naturelles, d'où résulte un état de constipation normale très-nuisible à la santé (1).

L'opinion scientifique, appuyée par l'opinion publique, s'est donc prononcée d'une façon favorable et exclusive pour l'alimentation des villes par les eaux douces à l'exclusion des eaux crues.

En France, les hommes compétents se sont également prononcés dans le même sens : Dumas, Poncelet, Arago, Thénard, Girard, formant une commission chargée d'examiner les eaux de la Garonne, se sont déclarés en leur faveur de préférence aux eaux de source, à cause de leur plus grande douceur.

Il résulte évidemment de ce qui précède, et c'est la conclusion que nous appliquons dans le cas qui nous occupe, il résulte, disons-nous, que l'on doit toujours préférer les eaux douces, même troubles, aux eaux dures quelles que limpides qu'elles soient. Il est toujours facile de rendre les eaux claires par le filtrage, tandis qu'il est industriellement impossible de rendre douce, une eau chargée de sels terreux et métalliques.

Mais, comme dans les cas différents qui se présentent, on n'a pas toujours le choix, qu'il ne faudrait pas priver une ville des bienfaits d'une distribution, parce que les eaux que l'on peut se procurer, indiquent quelques degrés de Hardness, il importe de savoir à quelle limite on peut s'arrêter pour avoir des eaux propres à l'alimentation, et au delà de laquelle les mêmes eaux ne pourraient absolument servir que pour le lavage des ruisseaux, l'assainissement des rues, l'arrosage des jardins, et même ne pourraient devenir d'aucune utilité, par suite des dépôts trop considérables qu'elles laisseraient dans les conduites.

Les eaux séléniteuses ou magnésiennes grumellent le savon, durcissent les légumes en les cuisant imparfaitement. L'excès des sels de ces deux bases prédispose aux affections cancéreuses, scrofuleuses, et aux hypertrophies.

(WURTZ.)

— 15 —

Il parait démontré que, pour avoir de bonnes eaux, suffisam-
ment douces, il ne faut pas qu'elles contiennent plus de 0 gr. 20
à 0 gr. 22 par litre de sels terreux en dissolution, et par suite,
marquer à l'hydrotimètre plus de 20 à 22 °.

Au delà de 0 gr. 5 par litre, les eaux doivent être abandon-
nées.

En tous cas, la quantité de :

Bicarbonate de chaux ne doit pas dépasser par litre,   0 gr. 5

Sulfate de chaux,   0 » 15

Sulfate de chaux augmenté des sels ma-
gnésiens,   0 » 20

M. Wurtz, membre de l'Institut, dans son remarquable dic-
tionnaire de *Chimie pure et appliquée,* fait les observations
suivantes.

« *Eaux de puits.* — Elles ne sont potables que si les puits
sont creusés loin de l'habitation de l'homme.

« Les diverses substances dissoutes dans ces eaux sont :
la silice, l'alumine, les carbonates de chaux et de magnésie, souvent l'alun à base de potasse, les chlorures de calcium, magné-
sium et sodium, les sulfates de chaux et de magnésie, les carbonates de ces bases, les azotates provenant des sels ammonia-
caux, les matières organiques.

« Si ces eaux contiennent 0 gr. 5 des matières précédentes
par litre elle peuvent encore servir à boire ; à 1 gr. par litre
elles ne peuvent plus servir au blanchissage et à la cuisson des
légumes : *on les dit alors, crues, séléniteuses.* On doit surtout les
rejeter si elles contiennent 0 gr. 01 à 0 gr. 02 de matières organiques par litre. »

Or la plupart des eaux de puits de Saint-Dizier rentrent dans
cette catégorie : nous avons vu des analyses donnant 1 gr. 350

de résidus, parmi lesquels il fallait compter 0 gr. 250 de substances organiques.

La Commission de 1868 était tellement pénétrée de l'importance du degré de crudité, qu'elle chargeât M. Legripp, pharmacien, de faire l'analyse de l'eau de la Marne, prise directement dans la rivière, et prise ensuite dans des puits situés dans les alluvions du lieu dit de Prinvault.

Nous avons été heureux de constater que l'opinion de ce chimiste est bien conforme à la nôtre; voici du reste ses propres paroles devant la Commission :

EXTRAIT DU RAPPORT DE M. LEGRIP
SUR L'ANALYSE DES EAUX DE LA MARNE, DU PUITS DE
M. PERCIN-VINOT, ET DU PUITS DE M. VOILLEMIN.

« .. L'idée de donner les eaux de la Marne aux habitants de Saint-Dizier pour subvenir à leurs besoins journaliers nous paraît à la fois heureuse et féconde. En effet, après l'eau du ciel, celle des rivières est placée au premier rang parmi les eaux potables ; et il est douteux que l'on puisse trouver dans les conditions réunies de proximité, de pureté et d'abondance, une source capable de desservir aussi avantageusement un semblable projet.

« Depuis longtemps la Marne a reçu le baptême scientifique, et si c'est avec raison que la chimie l'accuse d'altérer légèrement la pureté relative de la Seine, à l'endroit où se confondent les eaux de ces deux rivières, il est juste aussi de reconnaître que les eaux de la Marne remontent aux degrés supérieurs sur l'échelle des eaux potables, à mesure qu'on la considère plus près de sa source. C'est même à Saint-Dizier d'après les recherches de M. l'ingénieur Belgrand, que l'on constate son plus grand degré de pureté... »

....Dans le travail analytique que nous avons fait sur l'eau des trois provenances qui nous ont été indiquées, nous avons eu la satisfaction de trouver réunies dans chacune d'elles, les qualités que l'hygiène et la salubrité exigent. Il est vrai que les propriétés essentielles ne se trouvent pas au même degré dans les trois produits analysés, mais les différences constatées ne sont pour aucun d'eux un obstacle à leur emploi. C'est de quoi, il sera facile de vous convaincre par une courte étude du tableau synoptique suivant où sont groupés, pour chaque produit, les différents principes minéralisateurs en regard de la quantité trouvée, dans un litre de chacun d'eux.

PRINCIPES MINÉRALISATEURS	MARNE deg. hyg. 18°	PUITS PERÇIN 20°	VOILLEMIN 21°
Carbonate de chaux	0.0365	0.0847	0.1052
Chlorure de Calcium	0.0540	0 0228	0.0228
Sulfate de chaux	0.0420	0.0280	0.0140
Chlorure de Magnésium	0.0090	0.0270	0.0180
Sulfate de Magnésie	0.0375	0.0375	0.0500
Acide carbonique libre	0.0010	» »	» »
Acide phosphorique	Traces	» »	» »
Oxyde de fer	d°	Traces	Traces
Silice	d°	d°	d°
Matières organiques	d°	d°	d°
TOTAUX	0,1800	0.2000	0.2100

Ces divers résultats nous ont été confirmée par M. de Vathaire, maître de forges à Saint-Dizier. Cet honorable ingénieur a été appelé à faire l'analyse des différentes eaux qui alimentent la ville.

« Les eaux de puits, nous disait-il, sont essentiellement mauvaises, saturées de sels calcaires et de matières organiques en suspension, et ne peuvent être que très-nuisibles à la santé.

3

Les seules eaux vraiment potables sont celles de la Marne filtrées, qui sont essentiellement salubres. »

Devant ces témoignages aussi sérieux qu'incontestables, il n'est personne qui ne puisse être convaincu avec nous que ce sont bien là les véritables eaux propres à l'alimentetion publique et aux besoins industriels; dès lors le problème de la distribution d'eau à Saint-Dizier, peut recevoir une facile solution.

C'est sur ces conclusions que, le 17 novembre 1868, la Commission a présenté son rapport au Conseil municipal, qui adopta en principe les eaux de la Marne pour les fontaines de la ville, et qui a bien voulu nous confier la mission de mener à bonne fin un projet si laborieusement et si clairement élaboré.

Nous allons donc dans les chapitres suivants, aborder et résoudre les différentes questions dont l'ensemble forme le projet général de distribution. Nous examinerons successivement les différents systèmes de filtration, nous serons amenés à prescrire l'emploi de la filtration naturelle, qui se présente dans les conditions les plus favorables. Mais, comme le niveau de la Marne est considérablement inférieur à la position de la ville, nous en concluerons indubitablement la nécessité d'établir un moteur qui, dans le cas actuel, sera une machine à vapeur.

Si ce moteur présente *à priori* certains inconvénients, tels que l'entretien annuel et la consommation du charbon, il y a également des avantages incontestables que nous ferons valoir, et qui, nous l'espérons, convaincront le conseil de son utile et sérieuse application.

Ce point de départ une fois posé, nous étudierons la distribution proprement dite, le réservoir ou château d'eau, la canalisation, la tuyauterie, la fontainerie, les concessions particulières et le mode de distribution. Nous arriverons enfin à l'évaluation générale de la dépense et aux conséquences financières de notre projet.

Nous indiquerons sommairement les éléments qui nous ont servi de base, les autorités sur lesquelles nous nous appuyons. Dans l'application, nous suivrons rigoureusement les principes admis par l'administration des ponts-et-chaussées, et les adjudications, les traités que nous proposerons, seront établis sur cahiers de charges et séries de prix, à l'instar de ceux exigés dans les grands travaux d'utilité publique.

CHAPITRE PREMIER
MODE DE FILTRATION

§ 1 — FILTRATION NATURELLE, — EXPÉRIENCES.

L'idée de prendre les eaux de la Marne, pour le service des fontaines, entraîne nécessairement avec elle, la nécessité d'une filtration ; car, outre l'obstruction facile des tuyaux qui serait produite par une eau fortement chargée de matières étrangères en suspension, on ne s'en servirait pour l'alimentation qu'avec répugnance et le but qu'on se propose ne serait pas rempli.

Nous avons étudié attentivement le cours de la rivière, et nous avons remarqué sur la rive droite un certain nombre de terrains d'alluvions dans lesquels il nous a semblé fort possible d'établir des filtres naturels.

Ces filtres seraient des galeries voûtées construites dans le sens de la rivière, et dont les murs latéraux seraient perméables, pour permettre la réunion dans le réservoir des eaux qui s'écoulent naturellement à travers les terrains d'alluvions circonvoisins.

Au lieu dit de Prinvault, où les eaux d'analyse dont nous parlions dans la dernière partie de l'introduction, ont été prises, nous trouvons latéralement à la rivière, une bande de terrain de 50 à 70 m. de large, appartenant à la ville, et composée tout uniquement de sable et gravier rapportés. L'établissement d'un filtre dans cette contrée n'exigerait aucune expropriation ; ce qui en faciliterait singulièrement l'exécution, tant au point de vue de l'économie des finances, qu'au point de vue de la mise en œuvre immédiate.

Aussi, dès l'année 1868, nos études se sont-elles portées spécialement sur ce point, et nous y avons fait des expériences, pour nous assurer des résultats que l'on pouvait en attendre. Nous allons relater succinctement nos principales observations, qui du reste ont été recueillies et approfondies par la Commission municipale, sous la haute direction de laquelle nous avons opéré.

Sur deux lignes parallèles dont la première fut tracée à 30 m. et la deuxième à 50 m. de la Marne, nous avons fait des puits de sondage qui nous ont donné des cotes variables de 1 m. 30 à 2 m. 20 de profondeur d'eau. Le terrain d'alluvion, à travers lequel s'écoule cette nappe, est composé essentiellement de gravier roulé plus ou moins fin. Des opérations d'épuisement tentées sur un puits de 3 m. superficiel d'ouverture, ont complétement échoué, en ce sens, qu'après avoir fait baisser rapidement le niveau de 0 m. 10, nous n'avons pu produire d'autre dénivellation pendant 6 heures environ de travail, avec un épuisement de 4 à 5 litres par seconde.

C'est alors que la Commission municipale s'est transportée sur les lieux, et qu'elle a remarqué avec nous, que l'on obtenait une eau parfaitement limpide, d'un goût agréable et très-fraîche. Nous avons constaté que nous prenions bien l'eau filtré e venant directement de la Marne ; car, en produisant une différence de niveau de 0,20, dans le cours même de la rivière, par suite de l'ouverture du barrage de la Valotte, nous avons observé la même dénivellation dans nos différents puits de sonde.

La température de l'eau filtrée, à 3 heures de l'après-midi, alors que les eaux dormantes de la Marne avait fait monter le thermomètre jusqu'à 23° centigrades, s'est élevée au maximum de 13°. Ainsi se trouvait confirmé, ce que nous avions constamment avancé, à savoir : que les eaux filtrées à travers les sables et graviers formant les rives d'une rivière, présentent toujours une température égale à celle du terrain, à la profondeur de laquelle on les trouve, et par cela même identique à celle des meilleures sources. Ces eaux sont donc froides en été, chaudes en hiver, et essentiellement favorables à un service d'alimentation générale.

Il nous restait à déterminer quelle pourrait être la longueur de ces galeries de filtration ; mais comme nous manquions des moyens nécessaires| pour continuer nos expériences, nous avons dû remettre à l'époque où le projet, approuvé par le Conseil municipal serait mis à exécution , pour fixer exactement ces dimensions. Du reste , nous pouvons prévoir qu'elles ne peuvent être exagérées ; car si, avec une couche filtrante de 3 m. superficiel, et un épuisement de 4 litres par seconde, nous n'avons pas obtenu de dénivellation sensible, il en résulte qu'une galerie de 50 m. superficiels (*produite par exemple par les dimensions de 5 m. de largeur sur* 10 *m. de longueur*) serait suffisante, surtout pour les besoins actuels qui ne dépasseront pas 25 litres par seconde.

Sur une objection que l'on a faite, que les terrains intermédiaires pourraient s'obstruer (*objection que nous raisonnerons et réduirons au paragraphe suivant*), nous avons répondu que cette éventualité dût-elle se produire, il sera toujours possible d'al-

longer la galerie en remontant le cours de la Marne, puisque
nous avons de ce côté, un terrain suffisant pour subvenir aux
frais d'une alimentation bien autrement considérable ; que du
reste, ce danger d'obstruction vint-il à se manifester de façon
à nous interdire toute prolongation des filtres, notre travail ne
serait pas perdu : car, la galerie primitive nous servirait de réservoir pour rafraîchir les eaux que l'on filtrerait artificielle-
ment suivant les méthodes généralement établies en Angleterre
et en Écosse, et dont nous avons un exemple particulier à
Dunkerque et à Marseille où elles donnent d'excellents résultats.

§ 2 — PERSISTANCE ET ÉCONOMIE DE LA FILTRATION NATURELLE.

Il ne suffit pas de démontrer qu'au moyen de la filtration naturelle on peut obtenir des eaux potables, fraîches et tempé-
rées, il faut encore établir que cette filtration sera persistante
et n'occasionnera pas de mécompte dans l'avenir. Lorsque la
ville de Lyon, cherchant à établir une large distribution, char-
geait M. Dumont, ingénieur hydraulicien remarquable, de l'é-
tude approfondie de la filtration du Rhône, M. Dumont dans son
rapport concluait ainsi :

« Une filtration naturelle ne manquera pas d'échouer sur les
bords d'une rivière à eau dormante ; mais elle sera suivie
d'un succès complet et permanent, sur un cours d'eau à pente
rapide, à crues répétées, à chasses fréquentes. »

Telle est la Marne, dont les niveaux sont si variables ; et
l'emplacement de Prinvault est d'autant plus favorable qu'au
moyen de l'écluse de la Valotte, on donne de fortes chasses,
qui bouleversent et nettoyent constamment le lit de la rivière.

Les filtres de Toulouse, d'après les observations répétées de
M. de Boucheport, ingénieur des mines, ne s'engorgent jamais,
parce que le lit de la rivière est lavé constamment par les crues

et le courant, et si, depuis 1820, qu'ils fonctionnent, on a dû les augmenter c'était pour satisfaire aux besoins croissants de la population et de la ville qui prenait un développement considérable.

Nous pourrons, du reste, par une expérience de laboratoire bien simple et en même temps bien concluante, mettre le Conseil municipal, à même de voir ce qui se passe dans la filtration naturelle.

« La clarification, disait encore M. Dumont, ne s'effectue pas à l'intérieur de la masse filtrante, mais bien à la surface extérieure ; c'est là que reste le dépôt, et sur une faible épaisseur, car l'expérience prouve que pour clarifier complétement l'eau la plus chargée de matières étrangères, il suffit d'une couche filtrante de quelques centimètres ; or dans les rivières à régime torrentiel, ce dépôt est constamment entraîné sans qu'il puisse en résulter le moindre encombrement interne. »

C'est ce que prouve l'expérience dont nous parlons et que nous allons expliquer brièvement.

Dans un réservoir d'une certaine capacité, on entretient en l'agitant une eau boueuse telle que pourrait l'être celle de la rivière ; on fait écouler cette eau sur un filtre placé dans un entonnoir, au moyen d'un tube plongeant au delà de la moitié de la hauteur. Un syphon très-large servant de trop plein, empêche le filtre de déborder : le bec inférieur du syphon plonge dans un vase d'eau, pour empêcher la rentrée de l'air. L'entonnoir est disposé sur un récipient qui recevra l'eau filtrée.

De cette façon le récipient représente les galeries de filtration ; la surface interne du filtre représente le lit de la rivière : le tube d'alimentation représente l'amont, et le syphon de trop plein représente l'aval.

Si on laisse arriver l'eau avec toute la vitesse qu'elle peut avoir, la filtration s'opère naturellement ; mais au bout d'un certain temps, si nous comparons le dépôt qui s'est formé sur le filtre, à la quantité d'eau filtrée recueillie, nous remarquons qu'il est sensiblement moins considérable à volume d'eau égal, que la quantité primitivement introduite dans le réservoir, et que l'eau, qui s'écoule par le syphon, est à proportion plus chargée de substances terreuses. Si nous ralentissons la vitesse d'écoulement, nous remarquons que les dépôts du filtre augmentent, que la quantité d'eau filtrée diminue ; et que les eaux, de trop plein, s'écoulent toujours plus terreuses que les eaux d'arrivées, mais dans une moins forte proportion que précédemment ; si nous arrivons enfin, à la limite de l'expérience, en arrêtant complétement le syphon, et par suite le renouvellement d'eau, les parties terreuses se déposent en totalité, le filtre s'obstrue complétement, et le dépôt total représente exactement, comparé à l'eau filtrée, la quantité de matières introduites à volume égal d'eau, dans le réservoir d'alimentation.

Il est donc bien évident que, lorsque le courant souterrain, qui s'établit entre le lit de la rivière et la galerie de filtration, est insignifiant par rapport au débit de la rivière, la masse de matières en suspension est entraînée avec le courant naturel, et il s'en dépose relativement peu sur le lit du fleuve, de sorte que la moindre chasse exceptionnelle, la moindre crue suffit pour purger le gravier et la surface filtrante.

C'est, du reste, ce que nous pouvons constater, *de visu*, sur le lit de la Marne, à l'endroit où nous voulons établir nos filtres. Nous remarquons par les plus basses eaux, lorsque la rivière devient presque stagnante, que le fond se tapisse d'une couche vaseuse, tenue, excessivement légère ; qu'il vienne une crue, à la suite de pluies abondantes, qu'il vienne une chasse produite par l'ouverture du barrage, et les dépôts sont entraînés immédiatement, et mettent à jour le véritable lit de graviers qui forme le fond naturel.

Enfin, le débit de la Marne dans les plus basses eaux atteint encore 0 m. c. 400 ; le débit des filtres sera au maxium de 0 m. c. 046 ; il en résulte que le courant produit par l'épuisement des eaux filtrées est insignifiant comparativement au plus faible courant de la Marne.

Nous concluons, en résumant ce qui précède, que la vitesse d'une rivière, le lavage et le renouvellement des couches qui tapissent le fond, constituent un ensemble de phénomènes très-suffisants pour expliquer la permanence des filtres naturels et éloigner toute crainte dans l'avenir.

Quant à l'économie des filtres naturels sur les filtres artificiels elle résulte évidemment de la permanence, puisqu'il n'existe aucun frais d'entretien, et que les frais de premier établissement ne sont pas supérieurs.

§ 3 — DESCRIPTION DES OUVRAGES.

Les dimensions d'une galerie de filtration ne pourront être fixées que par des expériences. Nous avons adopté le système de galeries voûtées employées à Lyon ; nous les préférons aux galeries longues et étroites de Toulouse, parce que la construction dans des terrains mouvants, présente plus de résistance aux entraînements en cas de fortes crues et de bouleversement provenant d'un débordement considérable. Nous leur supposons aujourd'hui, une largeur de 5 m. 00 sur 10 m. de longueur, sauf à modifier ces dimensions lors des expériences définitives. Les piédroits se composent de deux parties ; une première partie en pierre sèche de 1 m. 50 d'épaisseur sur 1 m. 00 de hauteur, part du fond de la fouille, située à 2 m. 00 en contre-bas de l'étiage. La deuxième partie en maçonnerie hydraulique à plein mortier porte 1 m. 20 de largeur, et s'élève jusqu'à la naissance des voûtes.

Cette disposition est employée pour que le filtrage s'exerce en tout temps avec une certaine pression.

Les voûtes en plein cintre, seront faites en maçonnerie hydraulique, et porteront la clef de l'intrados à la cote 136.81, niveau des plus hautes eaux connues ; elles auront au moins 0 m. 50 d'épaisseur, et seront recouvertes d'une chape en mortier de ciment de 0,02 d'épaisseur.

De chaque côté des piédroits, les fouilles seront remplies par des graviers lavés, provenant des premiers terrassements, mis de côté avec soin, et disposés définitivement par permettre une filtration naturelle et en cas d'inondation. Pour arriver du reste, à une clarification complète, nous proposons d'intercaler dans les couches de ces graviers, un lit d'escarbilles de forges, qu'il est si facile de se procurer dans nos pays. Ces différentes couches seront dirigées suivant l'inclinaison données par la pente naturelle. Les voûtes seront recouvertes d'une certaine épaisseur de terre végétale qui se reliera par un talus avec le sol voisin. Du côté de la rivière, on garantira l'ouvrage par un placage en pierre contre la corrosion des grandes crues ; la partie supérieure des voûtes et le talus opposé recevront un semis de gazon.

Le filtre sera terminé par une chambre complétement étanche, où les tuyaux d'aspiration prendront naissance par un aqueduc de 1 m. 20 qui se prolongera jusqu'aux machines. Cette chambre qui sera en réalité le puisard des pompes, qui aura 3 m. 00 de large, sur une longueur égale à la largeur de la galerie, communiquera avec celle-ci par plusieurs ouvertures. A la partie inférieure, nous ferons arriver l'eau dans le puisard par deux tuyaux de 0 m. 50, dont l'ouverture sera munie d'une vanne qui en permettra, à l'occasion, la fermeture hermétique. A la partie supérieure, une porte, percée dans le mur de séparation, donnera accès sur un escalier en fer, par lequel on pourra visiter facilement toutes [les parties de la galerie. Le puisard communiquera à l'extérieur par un escalier percé dans la voûte et qui débouchera dans un petit pavillon d'entrée. Au pied de cet escalier, nous supposerons un petit pont en fer et fonte, qui conduira aux galeries, à la manœuvre des vannes, et enfin à un autre escalier qui descendra au fond du puisard. Cette disposition permet d'isoler complétement le tuyau d'aspiration, et d'y faire avec toutes les facilités désirables les réparations qui peuvent se présenter. Des cheminées d'aération sont déposées pour ventiler continuellement la galerie de filtration.

La construction de cette galerie, est comprise dans la première série des travaux et soumise à l'adjudication publique. Un cahier de charge complet et général aux travaux de terrasse et de maçonnerie, forme avec le bordereau des prix, le devis de l'entreprise.

La dépense pour ce premier travail, est évaluée approximativement à 10,000 francs, ainsi qu'il sera dit dans le tableau général établi au dernier chapitre de ce rapport. Si nous comparons cette dépense à la superficie de la surface filtrante de fond, nous remarquons qu'un mètre carré de filtre ne coûte que 200 fr. 00.

Nous n'insistons pour l'application de ce système qu'autant qu'il sera praticable. Les expériences que nous tenterons lors de l'exécution, nous indiqueront si nous devons chercher le filtrage en largeur et par fond, comme à Lyon et à Perth, où si nous devons nous contenter d'une filtration latérale et en longueur comme à Toulouse et à Angers.

CHAPITRE DEUXIÈME

EMPLACEMENT DE LA PRISE D'EAU. — CHOIX DU MOTEUR.

Les études précédentes, faites en 1869, désignaient les alluvions de Prinvault pour l'emplacement de la prise d'au, ce qui oblige à employer une machine à vapeur.

Mais l'administration municipale, soucieuse à juste titre des intérêts de la ville, et voulant procurer aux finances une économie sérieuse, nous a invité à rechercher s'il ne serait pas possible d'établir un moteur hydraulique, soit en se servant du barrage de la Valotte, soit en fondant les galeries de filtration dans les promenades du Jard; elle se réservait de s'entendre, dans le premier cas, avec le service hydraulique, dans le deuxième avec les propriétaires des grands moulins, pour obtenir une location de force motrice. Ces deux emplacements, nous les avions indiqués du reste, dans un premier rapport que nous avions rédigé en 1868, et dans lequel nous émettions quelques idées générales sur une distribution d'eau à Saint-Dizier ; les considérations suivantes nous ont forcé d'y renoncer.

Les terrains de la Valotte sont éminemment propices à la filtration, dans l'état actuel de la rivière; mais le barrage et la chûte appartiennent à l'Etat, et l'administration songe à les utiliser pour l'alimentation du canal. De plus, la chûte d'eau disponible est à peine de 2 m., ce qui serait complétement insuffisant dans les basses eaux, et nécessiterait outre la construction d'une turbine, l'adjonction d'une machine à vapeur qui ne fonctionnerait, il est vrai, que trois mois de l'année, mais dont le capital serait également engagé.

Enfin, pour obtenir cette chûte, nous serions obligés d'établir une dérivation, qui absorberait, en été, tout le cours de la rivière et devrait seule alimenter les filtres. Les choses se passeraient alors comme dans un canal ou une rivière à eau dormante, où les limons se déposent complétement sur les rives et le fond ; de sorte que la filtration s'arrête, au bout de quelques années, par suite de ce colmatage naturel.

Nous devons prévoir et éviter ces chances d'insuccès, et comme il ne nous est pas possible d'opérer une modification qui nous permette d'utiliser cette force motrice, mieux vaut y renoncer que d'engager l'avenir de la distribution.

Nous ne parlerons pas de l'augmentation considérable du capital de création, provenant des expropriations dans lesquelles nous serions entrainés, de l'augmentation de diamètre de la conduite maîtresse sur une longueur de 12 à 1,500 m. de l'établissement d'un canal de dérivation. Ces considérations d'un ordre inférieur, sont complétement effacées par l'importance de celles que nous avons fait valoir, et qui ne laissent aucune chance en faveur de l'établissement hydraulique aux terrains de la Valotte.

Les expériences faites dans les promenades du Jard, pour y rencontrer des alluvions de sable et de gravier, n'ont pas donné de résultats satisfaisants. La couche filtrante est composée de terrains très-variables, gravier et marne mélangés ; la hauteur d'eau est très-faible, et considération plus grave, la filtration n'en est alimentée que par le grand bras de la Marne, de sorte que par les temps de grande sécheresse, alors que tout le débit de la rivière se fait par le canal de fuite des grands moulins, les puisards seraient déssechés complétement. Un rapport, fait au Conseil municipal en 1873 par M. le maire, a donné, à cet égard, toutes les explications désirables.

A la pointe du Jard, au confluent de la Marne et du canal de fuite des moulins, on rencontre encore une île qui est essentiellement composée de sable et de gravier ; mais le cours de la rivière est tellement capricieux, les alluvions dans son lit, tellement récentes, qu'on pourrait craindre de les voir enlever par une crue un peu violente, et les filtres seraient fort exposés.

D'autre part, par suite de la grande perméabilité du terrain, du peu de distance qui séparerait la Marne de l'intérieur des galeries, la filtration serait certainement incomplète, et l'eau, plus ou moins pure, plus ou moins chargée de matières en suspension, aurait une température excessivement variable.

Dès lors, les considérations émises dans le chapitre précédent, qui nous font accepter avec confiance les terrains de Prinvault, n'auraient plus la même valeur, et ne nous permettraient pas d'agir avec la même autorité.

Nous croyons donc devoir rejeter tout autre emplacement, nous maintenons notre proposition d'établir les filtres au lieu dit de Prinvault, et d'élever les eaux au moyen d'une machine à vapeur, dans les réservoirs *ad hoc* qui seront placés au point culminant de la ville.

Nous prônons, en tous cas, l'emploi d'une machine à vapeur, parce que nous aurons l'avantage inappréciable d'avoir un moteur à vitesse et à force constante, établi dans les plus larges et les plus sérieuses conditions de bon rendement. Nous produirons, disons-nous, une force constante, mais avec la latitude d'avoir à un moment donné un travail beaucoup plus considérable, par une simple variation de la détente, tandis que la puissance d'un moteur hydraulique est limitée à la hauteur de chûte et au volume d'eau de la rivière ; or, les conditions, dans lesquelles se présentent les variations de ces derniers coefficients, tendent toujours à diminuer les forces motrices.

CHAPITRE TROISIÈME

DU BATIMENT DES MACHINES ET DES APPAREILS ELEVATOIRS.

§ 1 — DU BATIMENT DES MACHINES.

Nous proposons de construire le bâtiment des machines à proximité des filtres, et sur les mêmes terrains appartenant à la ville ; nous éviterons ainsi des frais et des dépenses d'expropriation considérables. De ce chef encore, aucun retard à apporter dans l'exécution des travaux.

Le bâtiment sera construit de façon que le rez-de-chaussée de la chambre des machines soit de 0 m. 50 en contrehaut du niveau des plus hautes eaux connues, soit à la cote 137.31.

Il se composera de quatre corps de constructions. Le bâtiment principal, percé de trois grandes ouvertures, recevra les machines à vapeur et les pompes. Deux annexes, l'une à droite, l'autre à gauche, seront destinées, la première aux logements des ouvriers, la seconde à l'établissement d'un bureau, d'un magasin et de la halle à charbon.

Derrière le bâtiment des machines, sera placé le bâtiment des chaudières, en communication d'une part avec la halle à charbon, et d'autre part avec le logement du chauffeur ;

Enfin, dans l'axe du bâtiment principal on élevera une cheminée ronde, monumentale, en briques.

Nous n'entrerons pas aujoud'hui dans les détails d'un projet complet de ces constructions ; nous nous contentons d'en donner une idée générale, et nous joignons à notre rapport un croquis qui donnera les explications suffisantes.

Il importe de ne faire ce travail, que d'accord avec le constructeur des machines ; nous lui imposerons même l'obligation de fournir à cet égard des dessins complets qui seront annexés au projet. Nous remarquons cependant, qu'en prévision de l'avenir, c'est-à-dire du moment où les besoins de la ville exigeront une consommation de 2,000 m. c. il faut que le bâtiment ait les dimensions suffisantes pour recevoir deux groupes de machines semblables.   •

Nous ne pouvons également entrer dans les détails complets des différents organes des machines élévatoires, et qui varient de mille façons différentes suivant les constructeurs.

Nous nous préoccuperons spécialement du choix à faire parmi les appareils connus, soucieux que nous sommes de doter notre ville des systèmes les plus perfectionnés.

§ 2 — DES MACHINES ÉLÉVATOIRES.

Les machines géneralement adoptées par les distributions d'eau sont de constructions bien différentes.

En Angleterre, on emploie principalement les machines verticales à balancier et à simple effet, dites machines de Cornouailles. En France, ces sortes de machines sont peu répandues, on les voit cependant encore à Paris et à Lyon.

On remarque plus tôt les machines verticales à double effet de Farcot ; elles ont rendu de bons services à Montaudun, La Rochelle, etc... ; la ville de Verdun les avait adoptées en 1869.

Il existe encore des machines horizontales actionnant des pompes soit directement, soit indirectement par le moyen d'intermédiaires ; ces dernières , nous les proscrirons immédiatement, sans discussion, car elles ne peuvent être comparables comme rendement ; et si elles ont été appliquées quelquefois, c'est qu'elles procurent seulement une certaine économie dans la construction.

Nous nous arrêterons aux machines horizontales à action directe; elles ont sur les machines verticales, l'immense avantage de la simplicité dans la construction; elles n'ont point cette multiplicité d'organes des autres machines, elles résistent beaucoup plus facilement et plus sûrement aux coups de bélier qui peuvent se produire; enfin, et, c'est pour nous la raison capitale, elles permettent d'employer par action directe, les seules pompes dont nous puissions proposer l'emploi, les pompes Girard qui sont, dans l'état actuel de la science, le dernier perfectionnement des machines élévatoires.

Ces pompes, connues depuis 1855, ont été appliquées avec un succès toujours croissant par MM. Girard et Callon, dans les villes de Châteaudun, Marseille, le Mans, Carcassonne, Paris, Oran, Relizanne, Angoulême, le chemin de fer d'Orléans, le Vesinet, Soissons, Agen, Saint-Gobain, Lille, Genève, etc. (1).

Voici en quels termes M. Masquelez, ingénieur en chef des ponts-et-chaussées, justifiait cette application à la ville de Lille en 1869 :

« Les pompes du système Girard, ont une supériorité tellement grande sur celles projetées par la compagnie de Fives-Lille, que la moitié des membres de la Commission spéciale, chargée d'apprécier les avantages comparatifs des divers systèmes, avaient voté l'acceptation du système Girard malgré un écart de 104.500 francs sur le chiffre du système de la compagnie de Fives-Lille, en sorte que, pour adjuger à cette dernière, M. le maire a dû user de la faculté que lui donnait le cahier de charge. Cette supériorité des pompes Girard est tellement évidente que M. le maire nous a ensuite autorisé à entrer en négociation tout à la fois avec M. Girard et avec la compa-

---

(1) La ville de Paris, qui essayait les pompes de Girard en 1864, les a appliquées successivement en 1866 et 1867, et aujourd'hui les préconise exclusivement de préférence à tout autre système.

gnie de Fives-Lille, pour que ces pompes puissent être appliquées. »

Les pompes Girard sont surtout remarquables par les facilités admirables que l'eau rencontre tant pour s'élever dans le piston plongeur que pour passer sous les soupapes qui offrent une section de passage égale à celle du siège du clapet, au lieu d'en avoir une moindre, comme cela a lieu pour toutes les soupapes connues. Le constructeur s'est attaché à rendre les organes de refoulement aussi indépendants que possible du piston et du corps de pompe, ce qui lui a permis de leur donner ces dimensions considérables, qui ont pour effet de réduire la vitesse de l'eau à travers les orifices, d'obtenir un mouvement assez insensible pour éviter les chocs, les pertes de force qui en résultent, l'usure des soupapes. De sorte que, en faisant ainsi disparaître les contractions, les changements brusques de vitesse, il a pu élever le rendement de ses pompes au dessus même de 90 p. 0|0.

C'est par ces motifs que nous proposons l'emploi exclusif des pompes Girard. Nous ne devons du reste, en aucun cas, courir les chances d'une adjudication publique pour l'établissement des machines élévatoires. Il est de la plus haute importance que cette installation soit faite avec toutes les garanties désirables de sécurité, de bon rendement, d'économie dans l'entretien annuel.

Nous ne pouvons les obtenir qu'au prix de quelques sacrifices inévitables lorsqu'on traite de gré à gré avec un seul constructeur.

Aussi faut-il s'adresser à des hommes dont la loyauté et la bonne foi soient proverbiales en pareille matière. Nous n'hésiterons pas à mettre MM. Girard et Callon, (*qui sont associés*), en première ligne des ingénieurs constructeurs, connus par leur profonde science, leur caractère loyal, la façon sérieuse et consciencieuse avec laquelle ils traitent les affaires qui leur sont confiées,

Nous proposons d'arrêter de gré à gré avec ces honorables ingénieurs, les différents travaux d'installation et de construction des machines élévatoires, suivant un cahier de charge, d'autant plus scrupuleusement établi, qu'il ne s'agit que d'un seul soumissionnaire, et que nous ne devons en aucun cas, laisser prise à la critique la plus sévère; nous allons du reste en résumer dans les lignes suivantes, les principaux articles.

La force des machines sera fixée par les besoins mêmes de la distribution; nous nous proposons d'établir un service qui élevera 1,000 m. c. d'eau par jour à une hauteur de 22 m. 00 en tenant compte des pertes de charge dans les conduits. Cette quantité pourra être portée dans l'avenir à 2,000 m.

Aujourd'hui, nous nous contentons de 1,000 m. ou 23 litres 15 par seconde.

Le travail effectif en eau élevée sera de :

$$\frac{23 \text{ k. } 15 \times 22 \text{ m. } 00}{75} = 6 \text{ chevaux } 79.$$

Il semble au premier abord, que pour produire une force aussi faible, on puisse installer des appareils peu coûteux. Mais il importe pour le rendement, et la durée des différents organes que les pompes fonctionnent à une très-faible vitesse; cette condition est d'autant plus impérieuse qu'elle permet d'éviter les chocs et les ruptures provoquées par les coups de bélier, qui résultent d'une grande vitesse.

Les pompes étant actionnées directement, les machines marcheront également à petite vitesse; car l'expérience a démontré qu'une machine marchant à une autre vitesse que les pompes, ce qui ne peut se faire que par intermédiaire de courroies ou d'engrenage, se trouve dans de mauvaises conditions de rendement, d'économie de combustible et d'entretien.

Or, les dimensions d'une machine croissent proportionnellement à la diminution de la vitesse, et la dépense de construction peut alors prendre des proportions considérables. C'est par des tâtonnements successifs que l'on peut arriver à une juste limite ; les pompes ne doivent pas en général fonctionner à une vitesse supérieure à 0 m. 50 ou 0 m. 60 par seconde. Comme elles sont actionnées directement par la machine, la vitesse de celle-ci variera entre 20 et 30 tours. Les différentes parties recevront les dimensions suivantes :

Les pompes auront un piston de 0 m. 275 de diamètre et 0 m. 52 de course ; l'arbre menant ces pompes fera 24 tours par minute (soit 0 m. 576 par seconde : vitesse du piston,) et sera actionné directement par une machine à vapeur à détente variable, haute pression et condensation, et dont le piston aura 0 m. 36 de diamètre et 0 m. 72 de course.

En un mot, c'est un modèle de machine de 20 chevaux, à la vitesse de 1 m. détente au 1|10 et pression de 6 k., qui est ramenée à la vitesse de 0 m. 57 et par suite à la force approximative de 10 chevaux force nécessaire, pour produire le travai utile indiqué plus haut, en tenant compte du rendement de la machine et des pompes :

$$\frac{6.79}{0.90 \times 0.75} = 10 \text{ chevaux } 00$$

Cette machine sera alimentée par une chaudière tubulaire de 15 m. q. de surface de chauffe qui nous permettra d'obtenir la dépense minimum de combustible ; et nous proposons la chaudière à foyer amovible de Thomas et Laurens. Avec un foyer amovible de rechange, nous éviterons l'acquisition d'une chaudière de secours, ce qui serait indispensable avec tout autre système pour éviter les arrêts de réparations et de nettoyage. Nous trouvons encore dans ces chaudières, un autre avantage provenant de la facilité avec laquelle on peut nettoyer les parties où se déposent principalement les tartres ; tandis que, dans les chaudières ordinaires de si faibles dimensions, il est bien, difficile de nettoyer les bouilleurs.

Nous devons prévoir dès aujourd'hui, que les besoins de la ville de Saint-Dizier ne peuvent qu'augmenter, et comme notre distribution doit pouvoir débiter dans l'avenir 2,000 m. c. nous prendrons nos dispositions pour établir, lorsqu'il sera nécessaire, une deuxième machine semblable à la première et une deuxième chaudière du genre indiqué ; un seul foyer de rechange suffira pour les deux chaudières. En sorte que l'usine complète se composera :

De 2 chaudières à vapeur de 15 m. q. de surface de chauffe, chacune (système Thomas et Laurens), et un seul foyer de rechange.

2 machines à vapeur horizontales à détente et à condensation.

2 pompes horizontale (système Girard).

La consommation en charbon, ne devra pas dépasser 2 k. 15 par force de cheval et par heure, mesurée en eau élevée. C'est encore là, où l'excellent rendement des pompes se fera sentir, dans l'économie qu'il produira au point de vue du combustible.

Les chaudières seront munies de tous les appareils et accessoires qu'elles comportent, tels que soupapes, robinets, sifflet d'alarme, niveau.

Les pompes seront munies d'un réservoir d'air au refoulement et d'un réservoir d'air à l'aspiration, si toutefois la distance aux filtres est jugée trop longue ; ces réservoirs seront susceptibles de résister à une pression de 10 atmosphères.

La capacité du réservoir d'air de refoulement sera calculée pour que l'intermittence des coups de piston pendant la marche ne produise pas une différence de pression de plus de 1 m. 00 soit un dixième d'atmosphère.

Ils seront munis de manomètres, tubes indicateurs, pompes foulantes d'air et tous accessoires nécessaires.

Près de chaque réservoir, sera établi un robinet-vanne, et une soupape de sûreté munie d'un sifflet d'alarme, destiné à avertir le mécanicien s'il arrivait que l'on mit en marche sans avoir ouvert tous les robinets.

Le volant des machines sera entouré d'une rampe de 0m.80. Le constructeur fournira un jeu complet de boulons, limes, marteaux, burins, et autres outils nécessaires à l'entretien des machines, ainsi que pour les chaudières, entre autres deu x jeux de boulons, quatre joints en caoutchouc, un jeu de soupapes pour les pompes.

Le constructeur devra garantir ses appareils pendant un an, et entretenir et graisser à ses frais pendant ce délai, moyennant une prime de remboursement qui sera fixée ultérieurement. Ce n'est qu'au bout de l'année de garantie qu'aura lieu la réception définitive qui sera prononcée par le maire accompagné de deux conseillers municipaux. Une condition très-sévère de garantie sera imposée au constructeur pour la consommation en charbon qui devra se maintenir uniforme et dans les limites fixées, pendant toute la première année. A cet effet, le constructeur devra prendre élection de domicile à Saint-Dizier, et se faire représenter devant l'administration pendant tout le temps que durera sa responsabilité.

§ 3 — ÉVALUATION DES DÉPENSES.

1° Le bâtiment des machines, y compris les annexes des chaudières, du logement du mécanicien, les massifs de fondations, le massif des chaudières et la cheminée, est évalué d'après expérience à. . . . . 40.000 fr.

2° Une pompe horizontale à piston plongeur, à double effet (système Girard), avec ses accessoires, réservoirs d'airs etc. 15.000

3° Une machine horizontale à détente et grande
  condensation avec arbre, volant et accessoires 15.200
4° Une chaudière à vapeur tubulaire, à foyer
  intérieur, amovible, avec tous ses appareils. 5.000
5° Foyer de rechange. 2.400
6° Tuyauterie et robinetterie. . . . , ... 2.400

                                  Total   fr.   80.000 fr.

CHAPITRE QUATRIÈME

DU RESERVOIR

—

§ 1 — EMPLACEMENT. — CAPACITÉ.

La position du réservoir n'est pas encore assez définie pour
que nous puissions en faire un projet complet. Mais nous supposerons les conditions les plus favorables afin de donner une
évaluation de la dépense qui ne pourra être dépassée.

Pour cet établissement, nous devons chercher les points les
plus élevés de la ville, et choisir celui qui peut se rapporter
avec le plus d'avantages au bon aménagement de la canalisation.

Or si la prise d'eau se fait à Prinvault, comme nous le deman-
dons, il nous semble que l'emplacement compris entre la route
de Bar, le canal, et la rue de Lalande, serait aussi satisfaisant
que possible. Nous indiquerons même un terrain qui appar-
tient au collége, qui est élevé au-dessus du sol environnant de
4 ou 5 m. 00, et qui par suite de cette heureuse disposition to-
pographique, nous permettrait d'établir le réservoir dans des
conditions d'économie et de solidité que nous ne rencontrons
nulle part ailleurs, à Saint-Dizier.

Mais en attendant que nous soyons fixéssur la position définitive, nous supposons que nous nous établissons sur un terrain à la cote 146, à proximité de la butte que nous venons d'indiquer, et que le niveau d'eau dans le réservoir se trouve à la cote 153, de telle sorte que la distance des deux plans d'eau des filtres à l'étiage (133), et du réservoir plein, sera de 20 m. 00 environ. Notre construction se trouvera complétement en remblai, et dans les conditions les plus défavorables au point de vue de la dépense.

Le refoulement se |fera de la pompe au réservoir sur une longueur de 8 à 900 m. En passant sur la place de l'Hôtel-de-Ville, cette conduite donnera naissance à deux branchements principaux. Sa position transversale par rapport à l'axe de la ville, permettra d'établir facilement des circuits fermés pour régulariser la pression dans les divers branchements; nous ferons du reste l'étude détaillée de la canalisation dans un chapitre suivant. Le réservoir sera construit avec les soins les plus minutieux; les devis et cahiers de charge comprendront les détails les plus complets, pour le choix des matières premières, la bonne fabrication des mortiers et bétons ; nous ne laisserons aucune part à l'arbitraire, et nous nous attacherons à prévoir tous les détails de la construction.

Quant à la capacité du réservoir, nous la fixons à 2,000 m. c., chiffre de l'alimentation prévue. On pourrait s'étonner de ce que nous lui donnons des proportions si considérables, alors même que nous nous servons de la conduite de refoulement comme conduite alimentaire; théoriquement en effet, il suffirait d'établir une sorte de tour de quelques mètres cubes de capacité, pour maintenir l'équilibre général. Mais, en pratique, il en est autrement; il importe d'avoir une provision d'eau assez considérable pour que le service n'ait point à souffrir des chômages provenant des réparations ordinaires : or le temps em-

ployé à ces réparations n'excède guère la durée de 24 h., car l'u-
sine étant munie d'un certain nombre de pièces de rechange,
elles se font avec célérité.

Il est utile de donner au réservoir une contenance au moins
égale au chiffre maximum de la consommation ; et pour ce dire,
nous nous appuyons sur l'expérience de nos devanciers.

A Châteauroux, par exemple, M. Grissot de Passy, ingénieur
des ponts-et-chaussées, établissait en 1861, une distribution
d'eau ; pour une raison d'économie fort louable, il crut devoir
se contenter d'un réservoir de 400 m. c. alors que la consommation journalière devait être de 800 m. c.

Aujourd'hui, l'on regrette cette détermination, et M. le maire
de Châteauroux nous faisait écrire, à ce sujet, qu'il serait à
désirer pour le bon fonctionnement et la régularité du service
qu'il y eût au moins 2 réservoirs de cette dimension.

A l'aris, les eaux de la Vanne devront fournir 90,000 mètres
cubes, et les réservoirs de Montrouge, que l'on construit à cet
effet, auront une contenance de 320,000 m. c. Cette exagération
se comprend du reste, lorsque l'on songe que les dérivations
par aqueducs, d'une importance aussi considérable, sont su-
jettes à des accidents qui peuvent entraîner des chômages de
plusieurs jours, ce qu'il n'est pas possible d'admettre, les intérêts d'une ville comme Paris, ne pouvant rester en souf-
france un seul instant.

Dès lors, nous nous contenterons du chiffre prévu de 20,00 m. c.
Nous donnerons au réservoir les dimensions intérieures de
22 m. 00 de large sur 32 m. de long. Nous fixerons la hauteur
d'eau à 3 m. 50 : nous avons cherché à la réduire autant que
possible parce qu'elle est une charge permanente sur les murs ;
il est évident que le prix de revient de la construction augmente proportionnellement à la surface du réservoir ; il faut
donc arriver à une juste limite et pour satisfaire à la condition

6

précédente et pour que les variations de niveau ne soient pas trop sensibles lors d'une alimentation exceptionnelle dépassant les prévisions du projet (cas d'incendie par exemple).

Actuellement, avec une seule pompe alimentaire, le produit de la machine sera de 23 litres 15 par seconde ; si l'on suppose que le réservoir soit appelé à dépenser accidentellement le double qu'il reçoit, c'est-à-dire 46 litres 30, il s'en suit que pour faire baisser le niveau de 0 m. 10 il faudrait environ 50 minutes, pendant lesquelles on ferait marcher constamment 23 pompes à incendie (1). Si l'alimentation de la ville continuait à se faire pendant l'incendie supposé, il faudrait encore un travail constant de 10 pompes pour produire le même abaissement de niveau dans le même temps.

Il résulte également des dimensions précédentes, que le radier du réservoir étant à la cote de 149.50, alors que les points les plus élevés des rues de Saint-Dizier sont à la cote 146.00, s'il arrivait un accident aux pompes, le réservoir pourrait alimenter seul. Pendant 12 heures, il donnerait encore de l'eau au premier étage de presque toutes les habitations, et pendant 48 heures il suffirait à l'alimentation générale, en supprimant l'arrosage public.

Par ces différents motifs, l'établissement du réservoir dans les conditions ci-dessus mentionnées nous semble parfaitement justifié.

§ 2. — CONSTRUCTIONS.

Nous déterminerons, par un certain nombre de sondages, le genre des fondations à employer, suivant la nature du sol : nous n'avons donc pas à nous en occuper. Le réservoir proprement dit est supporté par une série de voûtes en plein cintre montées sur des murs dont l'épaisseur à la base aura 0 m. 80 et à la nais-

---

(1). Le débit d'une pompe à incendie ordinaire est d'environ 120 litres à raison de 60 coups de piston par 1ʹ.

sance 0 m. 60. Les murs extérieurs, devant recevoir la retombée des voûtes extrêmes, seront consolidés par des contreforts intérieurs reliés par des voûtes surbaissées. Toute cette construction établie en meulière de Laferté posée à bain de mortier de chaux hydraulique pour les murs, avec adjonction de ciment pour les voûtes, recevra un bêton de 0 m. 10 d'épaisseur à la clef formant radier de réservoir, et fait avec les soins les plus minutieux, ainsi qu'il est dit au cahier des charges. Les murs extérieurs du réservoir dont l'épaisseur et les dimensions sont calculées rigoureusement, seront en meulière et mortier de ciment. Ils se raccorderont avec le radier par une courbe dont le rayon sera de 6 m. 90. Une chape en ciment de 0,03 centimètres pour le fond, de 0,02 pour les côtés, complétera la construction et en déterminera l'étanchéité absolue. Les angles des murs du pourtour, le socle formant saillie au niveau du radier, le couronnement, sont prévus en pierre dure de Brauvillers ou de Lérouville.

A 1 m. 00 environ en contrebas du couronnement, nous noyerons dans les murs un chaînage en fer de 0 m. 04 d'épaisseur et dont les mailles seront réunies par des tirants de 0 m. 60 ; nous éviterons ainsi l'influence funeste de la température sur les murs extérieurs.

Non seulement, il est nécessaire de couvrir les filtres pour conserver la fraicheur de l'eau, mais il est peut être plus essentiel encore de voûter les réservoirs, tout en ménageant à la surface de l'eau, une ventilation suffisante pour éviter la corruption inévitable qui se manifeste dans toute eau dormante qui n'est pas chimiquement pure. Quelques villes, par raison d'économie, ont négligé cette précaution, mais ont reconnu bientôt les inconvénients de leur détermination. Les eaux du réservoir restant stagnantes et à l'exposition de l'air extérieur se couvrent de mousses et de plantes aquatiques ; elles se refroidissent en hiver, s'échauffent en été et deviennent fort désagréables à la boisson. Comme elles peuvent subir des variations de température depuis 0° jusqu'à 25°, les conduites éprouvent des allongements et des raccourcissements assez considérables pour provoquer des réparations fréquentes. Sur 100 m. il peut y avoir jusqu'à 0 m. 027 de variation en longueur.

Aussi insistons-nous d'une façon toute spéciale pour couvrir le réservoir ; nous arriverons à ce résultat au moyen de petites voûtes plates en briques de 0 m. 56 de flèche, de 3 m. 50 de portée et de 0 m. 08 d'épaisseur. Elles seront reçues sur des poutrelles en fer à T, dont l'écartement sera exactement maintenus par des boulons. Le tout sera supporté par des piliers en briques et mortier de ciment qui prendront naissance sur le radier et qui auront à leur base 0 m. 45 de côté. Par surcroit de précaution, et pour éviter toute influence de dilatation des voûtes sur les murs extérieurs, nous ménagerons dans les contreforts des lacunes de 0 m. 03 à 0 m. 04 qui empêcheront tout effet de poussée de se produire. Ces lacunes seront dissimulées à la partie supérieure par des plaques en tôle, tout le système sera recouvert d'une chape en mortier hydraulique de 0 m, 02, et une couche de sable de 0 m. 04 dans sa plus faible épaisseur, c'est-à-dire au sommet des voûtes. Pour que la poussée de l'eau sur les murs inférieurs ne puisse jamais compromettre la solidité, on placera dans le radier des tirants horizontaux espacés de 2 m. en 2 m. environ assez forts pour résister à cette poussée. L'épaisseur du mur extérieur est également calculée pour supporter une charge qui ne dépassera pas 4 kilogr. par centimètre carré.

Tous les boulons et ferrements seront coltarisés à chaud et mis en place par une température qui ne sera pas supérieure à 11° ; les chapes et enduits intérieurs ne seront posés qu'après la construction des voûtes, et par une température égale.

Pour éviter la division du réservoir en deux parties, ce qui augmenterait singulièrement les dimensions et la dépense, nous établirons sur une des faces, une bâche d'arrivée qui recevra le tuyau de refoulement, un tuyau de décharge, et deux tuyaux de fond pour approvisionner le réservoir. Les tuyaux de fond et les tuyaux de décharge seront munis de soupapes, qui seront manœuvrées par de longues tiges, affleurant au-dessus de la couverture de l'appareil. On comprend facilement que, par ce système, on peut vider complétement le réservoir, et entretenir la distribution au moyen du tuyau de refoulement seul; ce qui est indispensable dans les cas de nettoyage ou de réparation.

En dehors de la bâche d'arrivée, le réservoir portera autant de tuyaux d'alimentation et de vidange qu'il sera nécessaire; les communications pourront être établies à volonté entre les tuyaux de même service, au moyen de robinets vannes dont la manœuvre sera facilitée par tous les moyens possibles; à cet effet, on les fera déboucher dans une chambre commune où se fera la visite et la manœuvre de la robinetterie.

Cette construction rentre évidemment dans la série des travaux succeptibles d'une adjudication publique. La dépense en est évaluée à 105,000 fr. environ.

CHAPITRE CINQUIÈME

CANALISATION.

—

Cette étude, la plus importante que comporte le projet, est soumise à une série de tâtonnements pour arriver à la distribution la plus rationnelle et en même temps la plus économique. Nous présenterons une suite de tableaux qui donneront le résultat de nos recherches pour arriver aux diamètres convenables. Voici du reste, avec les données des chapitres précédents, comment nous entendons former le réseau de la canalisation.

La conduite de refoulement, qui part des pompes pour aller au réservoir, servira également de conduite d'alimentation sur son parcours. Cette disposition est essentiellement favorable ; d'une part elle évite la création d'une double conduite, d'autre part, elle favorise la régularité de la distribution ; on remarque en effet que, sous la double pression des réservoirs et des machines, l'eau se répartit dans les conduites sans aucun choc, sans lutte quelconque, et chaque orifice verse son eau avec la même tranquillité que s'il recevait la simple pression du réservoir (1). En arrivant à l'extrémité de la rue de Vergy, à l'encontre du faubourg Lanoue, la conduite de refoulement, recevra une amorce qui prendra le nom de conduite principale de Lanoue, fournira de l'eau jusqu'à l'extrémité du faubourg, en desservant la place du Grand-Jardin et la rue de Laune ; de l'autre côté, changeant de diamètre elle se dirigera sur la place de l'Hôtel-de-Ville où nous placerons une cloche de distribution. Cette cloche, pourvue d'un certain nombre de tubulures, nous permettra dans l'avenir de lancer de l'eau dans toutes les di-

---

(1). Application aux villes de Nantes, Nevers, Châteauroux, etc.

rections, sans qu'il soit nécessaire de créer immédiatement le réseau complet.

C'est au-dessus de cet appareil situé dans une chambre dont l'accès sera facile, que nous placerons la fontaine monumentale de cette place. Une des tubulures aura pour effet de diriger la conduite de refoulement vers le château d'eau.

S'il est nécessaire, on prolongera cette conduite jusqu'à la gare, pour l'entretien du réservoir de la compagnie ; mais pour assurer ce service contre le chômage des machines, une communication spéciale, le mettra en relation avec le réservoir de la ville.

De là, nous ferons partir une artère de première classe, par la rue du collège ; de la place également, une conduite principale prendra la direction de la rue de l'Hôtel-de-Ville. Ces deux conduites assureront, au moyen de divers branchements et de conduites secondaires, le service des eaux dans le quartier de la ville ; c'est précisément sur ce point que nous devons porter toute notre attention, et nous ne devons négliger aucun moyen d'assurer la distribution en tous temps et quelles que puissent être les interruptions sur diverses parties de la canalisation.

Une amorce, partant de la place de l'Hôtel-de-Ville, permettra dans l'avenir, la décoration des promenades publiques du Jard, et devra prendre pour objectif la fermeture du réseau par la rue des Tanneurs. Enfin, nous pouvons prévoir que, lors de la construction des rues de la Gérarde, du Gaz, du boulevard de Marne, il sera nécessaire de créer une conduite principale qui, partant de la cloche de distribution se reliera à la conduite de refoulement près des machines. Cette disposition assurera complétement le service des pompes, en permettant l'alimentation du réservoir par deux conduites parfaitement distinctes. Il est évident que, dans ce but, l'artère de la rue de la

Gérarde, devra conserver un diamètre uniforme, puis qu'elle est appelée à devenir la véritable conduite de refoulement.

Nous devons prévoir également dans l'avenir, l'ouverture et la fréquentation des rues de Lalande et François 1er. A cet effet la conduite d'alimentation de la gare recevra, à la hauteur de la rue de Lalande, une amorce qui complétera le réseau, de ce côté, en se reliant à la conduite principale de Lanoue par la rue du Four ; ce circuit alimentera, par divers branchements dont la création ne sera pas immédiate, toute cette partie de la ville. Il est à remarquer, en effet, que les eaux de source et de puits sont très-abondantes dans ce quartier, et qu'il nous suffira pour le présent d'assurer le service des bouches sous trottoirs et de quelques bornes-fontaines pour l'arrosage des rues et le lavage des ruisseaux.

Il suffit que l'on sache d'une façon générale que des amorces seront disposées partout où il sera possible, et qu'aussitôt qu'il se produira un besoin nouveau, l'administration, désireuse de donner également satisfaction à tous les habitants, s'empres_ sera de faire une dépense qui, dans le principe, n'est pas indispensable.

Dans toute l'étendue de cette canalisation, nous prodiguerons dans une certaine mesure, les robinets d'arrêts ; nous profiterons alors de la prévoyance que nous aurons eue de compléter les conduites par des circuits continus ; car, en isolant certaines parties pour les réparations, travaux de branchements ou autres, nous continuerons à alimenter le reste de la ville. Un des avantages les plus sérieux de ce système sera surtout d'établir un équilibre complet dans toute l'étendue de la distribution et de régulariser les écoulements qui seront uniformes sur tous les points de la conduite.

Il nous reste à fixer les dimensions des tuyaux pour évaluer ensuite la dépense de canalisation.

Les conduites sont calculées en prenant pour base l'alimentation probable de l'avenir, soit 2,000 m. c. par jour, et en les répartissant suivant le nombre d'habitants, qui actuellement peuvent profiter des avantages de la distribution et qui sont au nombre de 8,000, ainsi que le fait voir le tableau du dernier recensement; elles fourniront donc une quantité d'eau pouvant être portée actuellement jusqu'à 250 litres par jour et par habitant; cette quantité prévoit naturellement tous les cas divers que nous avons énuméré au § 3 de l'introduction de ce rapport; nous devrons tenir compte d'une certaine diminution, lors d'un service simple d'alimentation, et forcer les quantités, lorsque nous aurons à desservir les fontaines publiques.

Le débit d'un tuyau se compose en effet, dans chaque section :

1° Du débit nécessaire pour alimenter la rue de la section.

2° Du débit à l'extrémité de cette section, qui doit être égal à la quantité d'eau nécessaire au branchement qui prend origine à son extrémité.

C'est au moyen de ces données et en tenant compte des pertes de charges, dues aux frottements dans les tuyaux, que nous sommes arrivés à fixer les diamètres qui sont très-variables suivant la vitesse qu'on veut admettre.

Nous avons supposé dans nos calculs, le réservoir toujours plein, les conduites en pression, et nous avons cherché à produire ce résultat que la différence de niveau entre le sol du réservoir et le sol du branchement considéré, compense la perte de charge due aux frottements. Nous avons ainsi fait varier la vitesse entre 0 m. 50 et 1 m. 50, et en un point quelconque de la conduite nous profitons de toute la charge d'eau disponible dans le réservoir.

Le chiffre que nous fixons pour la vitesse dans les tuyaux

7

nous est limité par les considérations suivantes : il faut, d'une part une vitesse suffisante pour entraîner les matières sableuses ou argileuses en suspension, soit au minimum 0 m. 305 pour le sable, 0 m. 15 pour l'argile ; d'autre part, il faut éviter les coups de bélier inévitables et désastreux par la fermeture des robinets lorsque la vitesse dépasse 1 m. 50.

Les diamètres que nous fixons sont à l'origine, un peu forts ; mais il faut tenir compte des dépôts calcaires qui se forment à la longue sur toute la surface interne, et qui viennent ainsi diminuer les dimensions primitives.

Voici du reste comment nous avons opéré pour le premier problême que nous avons eu à résoudre ; cet exemple donnera une idée des tâtonnements que nous avons dû faire pour établir le tableau général de la canalisation.

Nous nous proposons d'élever 46 litres 30 d'eau par seconde dans un réservoir dont le niveau supérieur sera à 20 m. 00 au-dessus du niveau dans le puisard, et à une distance d'environ 900 m. 00. Quelles seront les dimensions du tuyau ?

Nous remarquons que pour ne pas dépasser les limites de vitesse de 0^m50 à 1,50, le diamètre du tuyau varie entre

$$0^m20 \qquad 0,216 \qquad 0,25 \qquad 0,50$$

et que nous trouvons dans les tables de M. Mary les chiffres suivants, correspondants

Dépenses.	Charge.	Vitesse.	Charge.	Vitesse.	Charge.	Vitesse.	Charge.	Vitesse.
0m045545	0,01495	1,446	0,0103637	1.243	0,0049856	0,9278	0,0020807	0,6448
0m046656	0,01578	1,485	0,0108598	1,273	0,0052976	0,9504	0,0021747	0,6603

Or, le chiffre de la dépense que nous voulons faire, 0^m04630, variant entre les deux précédents, par une règle de proportion nous arrivons à établir les charges et les vitesses.

0m04630	0,01556	1,47	0,0107011	1,2634	0,005167	0,943	0,0021446	0,6559

Ce qui fait une charge totale correspondante sur 900 m. de

$$13^m96 \qquad 9^m63 \qquad 4^m67 \qquad 1^m93$$

qu'il faut ajouter à la hauteur totale primitive de 20^m00.

Si nous calculons la force de la machine, les prix de revient et d'entretien dans chaque cas séparé, nous voyons qu'il faut proscrire les diamètres 0,20 et 0,215; que les diamètres au delà de 0,30 entraîneraient à des dépenses qui ne seraient pas justifiées par l'économie peu sensible produite sur la machine, et que nous aurons à choisir entre les diamètres 0,25 et 0,30. Le diamètre 0,25 produit encore une vitesse de 0 m. 94 qui n'est pas en rapport avec la vitesse des pompes, et pourraient amener des coups de bélier d'autant plus dangereux que les sections sont considérables. Le diamètre 0,30 nous parait être dans de bonnes conditions; il n'augmente que de 1 m. 93 la hauteur de charge ; la vitesse de l'eau sera seulement de 0 m. 655, bonne moyenne.

Ces résultats justifient le calcul que nous avons préalablement fait pour la machine à vapeur, alors que nous portions *à priori,* la hauteur d'eau à élever, perte de charge comprise, à 22 mètres.

En résumé, nous obtenons pour la canalisation les diamètres suivants :

REFOULEMENT.

1re *Section.* Des pompes au faubourg Lanoue,

500^m	diamètre	0,30

2e *Section.* De la rue de Vergy aux réservoirs,

600	»	0,25

FAUBOURG LANOUE.

1er ARTÈRE PRINCIPALE. — 1re *Section* : De la rue de Vergy à la rue du Four,

250	»	0,20

2e *Section.* De la rue du Four au Grand-Jardin,

270	»	0,15

CONDUITS SECONDAIRES. — 1° Rue de Laune et du Poirier,

240	»	0,06

2° Rue du Four,

200	»	0,06

5° Rue de la Gare,

180	»	0,10

———————

Report :   2.040^m

VILLE.

2e ARTÈRE PRINCIPALE. — Rue de l'Hôtel-!e-Ville.
1re *Section.* De la Place à la rue Notre-Dame,
190^m00   diamètre   0,20
2e *Section.* De la rue Notre-Dame à la rue des Tanneurs,
540^m00   »   0,15
3e ARTÈRE PRINCIPALE. — Rue du Collége.
1re *Section.* Du réservoir au pont d'Ornel,
400   »   0,20
2e *Section.* Du pont d'Ornel à la rue d'Ancerville,
570   »   0,15

FAUBOURG DE GIGNY.

CONDUITS SECONDAIRES. — 1° Embranchement par la rue du Cimetière en la rue des Moulins, 200   »   0,08
2° Embranchement du Fossé-Maguin,
150   0,06
3°   »   du Petit-Sauvage
110   »   0,06
4°   »   de la rue des Tanneurs,
150   »   0,06
5°   »   de la rue Saint-Urbain,
150   »   0,06
6°   »   de la rue Saint-Martin,
150   »   0,06
Ce qui produit, avec 2.040 de report, un développement
total de 4.450^m de canalisation, et représente une dépense approximative de fr. 62.500 environ.

Nous arrivons ainsi et naturellement à la 3me partie de notre projet, la tuyauterie, dont nous allons aborder la description dans le chapitre suivant.

CHAPITRE SIXIÈME

TUYAUTERIE

De tous les systèmes de tuyaux proposés jusqu'alors, deux seulement paraissent appliqués d'une façon constante: les tuyaux en tole bitumée, les tuyaux en fonte. Nous écartons les premiers qui demandent des ouvriers spéciaux, un agencement particulier, et ne peuvent être employés utilement qu'à Paris, sous les yeux mêmes du constructeur ; du reste, la situation industrielle de la ville de Saint-Dizier nous prescrit l'emploi des tuyaux en fonte, par suite des facilités extraordinaires que nous pouvons rencontrer pour la fabrication.

Jusqu'à ces dernières années, le tuyau en fonte avec emboitement, joint de corde goudronnée et de plomb fondu et maté, a été exclusivement employé. Il remédiait d'une façon satisfaisante aux grâves inconvénients des tuyaux à brides, provenant de leur rigidité complète qui ne permettait ni dilatation, ni flexion. Mais ils ont encore de sérieux désavantages ; ils ne résistent qu'en partie aux variations de la température, aux vibrations du sol, qui ont pour effet de détruire l'adhérence du plomb à la fonte, et d'occasionner des fuites : or les réparations ne peuvent être faites utilement que par des hommes exercés et deviennent par conséquent très-coûteuses.

Pour obvier à ces inconvénients, on a songé depuis quelque temps à remplacer le plomb par du caoutchouc ; et les joints, Petit, Lavril, Delperdanche, ont donné d'excellents résultats qu'une pratique sérieuse est venue sanctionner. La Belgique les emploie d'une façon complète ; les villes de Valenciennes, Cambrai, Lille, Thouars, Saint-Maixent, Pont-l'Evêque, Sceaux, Choisy-le-Roy, Châtillon, Ivry-sur-Seine, etc., en sont fort satisfaites ; Verdun les adoptait dans le projet de 1869,

Si la ville de Paris impose encore d'une façon presque générale le joint en plomb, c'est par suite de la facilité de réparations que procure la pose dans les égoûts : il s'y fait une surveillance journalière : des ouvriers fontainiers parcourent continuellement le trajet des conduites, et rémédient immédiatement à la moindre fuite par quelques coups de matoirs, de sorte que les joints sont maintenus parfaitement étanches.

Il n'en est pas de même pour les tuyaux enfouis dans le sol :

on remarque au contraire que les accidents sont assez fréquents avec le plomb; les inflexions, les vibrations du sol occasionnent un léger suintement qui n'apparait pas d'abord à l'extérieur, mais qui, devenant de plus en plus considérable, se trans_forme en une fuite véritable par une dégradation complète du joint ce qui nécessite de nombreuses et coûteuses réparations.

Le joint en caoutchouc n'a pas les mêmes inconvénients, car les influences extérieures n'ont point d'action sur lui ; la conduite posée d'abord bien régulièrement se jette dans toutes les directions, affecte accidentellement des sinuosités plus ou moins capricieuses, sans que l'on y remarque la moindre altération des joints

Le caoutchouc jouit encore d'un avantage précieux, c'est de procurer une économie notable sur le prix du plomb.

A Valenciennes, l'économie fut de 25 p. 0[0 ; à Verdun, elle était prévue de 18 à 20 p. 0[0 sur 90,000 francs de dépense de canalisation.

Dans le rapport de M. Masquelez, ingénieur en chef, sur les eaux de Valenciennes, nous lisons ce qui suit:

« Nous n'avons eu qu'à nous louer du système à joint à caoutchouc ; tous les avantages espérés se sont réalisés, notamment en ce qui concerne l'absence de fuites qui sont si nombreuses au début de la mise en service d'une canalisation avec joint en plomb. »

On a prétendu que les joints en caoutchouc ne pouvaient se conserver dans le sol, et que la matière était décomposée au bout d'un certain temps : c'est une erreur complète.

Des expériences faites depuis 12 ans, à Bruxelles, ont démontré qu'il y avait une combinaison chimique entre la surface du joint et la fonte des tuyaux, et qu'il se formait une croûte de sulfure de fer qui enveloppe comme d'une gaîne métallique, le caoutchouc, et le préserve indéfiniment contre les agents destructeurs extérieurs.

Ee résumé, les avantages principaux du joint en caoutchouc, sont :

1° Grande facilité de pose.

2° Flexibilité réelle de la conduite.

3° Economie notable sur la totalité de la canalisation.

Les joints en caoutchouc sont tous brevetés : les principaux sont comme nous l'avons dit le joint Petit, le joint Lavril, et le joint Delperdanche.

Le joint Delperdanche est employé principalement en Belgique et dans les villes du nord. Les deux autres sont la propriété exclusive de deux notables industriels de la Haute-Marne. Le tuyau avec joint Petit est fabriqué par la maison Festugières, de Brousseval, qui exploite le brevet ; le tuyau avec joint Lavril, est exploité par M. Durenne, de Sommevoire, qui fait fabriquer spécialement à Bar-le-Duc. Nous croyons que ces deux systèmes sont dignes tous d'eux, d'une attention sérieuse, et nous pensons que l'administration est appelée à se prononcer pour l'un ou pour l'autre.

Nous faisons remarquer que le joint Lavril est un peu plus compliqué, et par cela même plus fragile que le joint Petit, mais qu'il est doué d'une plus grande élasticité.

Le joint Petit se recommande par une très-grande simplicité, et une facilité de pose remarquable, qui permettra certainement une économieé apprciable dans l'application. Nous n'avons pas à nous prononcer autrement ; ce que nous recommandons, c'est de ne pas recourir à une adjudication publique pour cette partie du travail, et voici nos raisons :

Il est à désirer que le fournisseur des tuyaux prenne à sa charge la fourniture de la robinetterie, la pose générale de tous les appareils, l'entretien pendant un certain nombre d'années que nous fixons à 6 ans, de l'ensemble de la canalisation et la pose, pendant ce temps, de toutes les concessions particulières ; nous avons rédigé à cet égard un cahier de charges tout spécial.

Or il est difficile, sans une entente préalable, de rendre acceptable pour tout adjudicataire, les prescriptions d'un semblable devis. Ce système, employé maintenant d'une façon générale par les villes qui établissent des distributions d'eau, a toujours échoué lorsqu'on a voulu recourir à une adjudication publique ; c'est ainsi qu'à Valenciennes après trois tentatives infructueuses et malgré l'abandon successif des clauses du devis primitif, on a dû en fin de compte, s'entendre de gré à gré avec un adjudicataire unique pour les travaux de canalisation et de fontainerie. Du reste, dans le cas tout spécial où nous nous trouvons, une adjudication n'offre pas d'avantages ; car en adoptant un système breveté, et en s'adressant au concessionnaire du brevet lui-même pour l'application, il peut procurer des conditions de faveur toutes spéciales, et faire réaliser de notables économies, par suite des sacrifices qu'il peut faire sur les droits d'inventeur relativement aux avantages qu'il doit rencontrer comme entrepreneur dans l'ensemble des travaux.

M. Holtz, ingénieur des ponts-et-chaussées, dans son rapport sur la distribution d'eau de la ville de Verdun, adoptant les mêmes conclusions que nous venons d'exposer, ajoutait encore :

« Ce n'est que, par des concessions mutuelles débattues contradictoirement par les intéressés, qu'on peut arriver à une solution qui concilie équitablement les intérêts de la ville et ceux d'un adjudicataire, appelé à se charger simultanément de travaux dont l'importance considérable la première année, se réduit à un chiffre minimum pendant la période d'entretien, dont l'évaluation contient un élément inconnu, le nombre de concessions particulières, et dont il importe cependant au plus haut degré de confier l'ensemble à un soumissionnaire unique. »

Nous pensons que cette manière de voir qui nous est commune avec nos devanciers, sera partagée par le conseil municipal ; cependant nous avons séparé le cahier des charges de la fourniture des tuyaux, de celui relatif à la robinetterie, à la fontainerie, à la pose et à l'entretien de la canalisation, pour laisser au Conseil toute latitude à cet égard, dans le cas où il voudrait soumissionner cette première partie du travail.

Ce premier cahier des charges, porte pour conditions principales que les gros tuyaux de 0,25 et au-dessus seront coulés debout et ceux d'un diamètre inferieur sous une inclinaison de 30°.

Cette clause vise d'une façon toute spéciale l'homogénéité de la fonte, et l'égalité d'épaisseur sur toute la surface du tuyau. L'adjudicataire sera tenu de faire à l'usine des essais qui seront plus tard répétés sur place ; chaque tuyau devra supporter une pression hydraulique de 8 atmosphères (c'est encore une facilité du joint en caoutchouc de permettre de réduire la pression et par suite les épaisseurs de fonte.) Un agent désigné par la ville, sera chargé des réceptions et pourra rebuter tout lot dont le dixième ne présentera pas les conditions requises.

Enfin, toutes les fournitures seront garanties, pendant un an, contre les accidents provenant des défauts de la fonte.

Il importe donc que, pour satisfaire à cette dernière condition, pour éviter des désagréments dans l'avenir à la ville comme à l'entrepreneur, l'adjudicataire de la fourniture des tuyaux en prenne encore la pose et l'entretien dans les conditions que nous examinerons ultérieurement c'est ainsi que par des vérifications constantes, on s'assurera, d'accord avec lui, de la bonne confection de ses fournitures et de ses

travaux, et que les intérêts de la ville seront justement sauve-
gardés.

D'après les données précédentes, le montant de la dépense
pour la fourniture des tuyaux sera de 62,400 fr.

CHAPITRE SEPTIÈME

—

ROBINETTERIE ET FONTAINERIE. FOURNITURE, POSE ET ENTRETIEN DE CES APPAREILS. POSE ET ENTRETIEN DES CONDUITES EN FONTE. CONCESSIONS PARTICULIÈRES.

OBSERVATIONS GÉNÉRALES. — Nous avons détaillé dans un
seul cahier de charges. toutes les conditions que doivent remplir
ces trois sortes de travaux.

Ils sont tellement connexes qu'il ne nous a pas paru possible
de les séparer. Diviser ce chapitre en plusieurs, confier les
travaux à des entrepreneurs différents, ce serait soulever des
difficultés incalculables, des malentendus continuels, toutes les
fois que l'un ou l'autre service ne fonctionnerait pas régulièrement, et créer par suite à l'administration des embarras sérieux
dans l'avenir.

Pour ces raisons, pour celles exprimées dans le chapitre précédent, nous pensons que nous devons éviter l'adjudication
publique, et confier l'exécution de cette partie à un seul entrepreneur qui sera le fournisseur des tuyaux. L'analyse du cahier
des charges, nous permettra tout en faisant la description des appareils, de faire comprendre par ses dispositions spéciales, par
ses prescriptions, l'avantage du système que nous proposons,
et l'impossibilité de recourir à la méthode habituelle des adjudications.

§ Ier. — ROBINETTERIE, FONTAINERIE. — POSE ET ENTRETIEN
DE CES APPAREILS.

ROBINETTERIE. — La robinetterie comprend tout robinet
d'arrêt, de décharge, de service, toute bonde ou soupape de
fond, robinet à valve, à boisseau ou à soupape, ventouse à
flotteur.

Lorsque les robinets sont placés sur les conduites pour en
isoler les différentes parties, on les nomme *robinet d'arrêts*; il
importe alors qu'ils aient un diamètre égal à celui du tuyau.
Les robinets d'arrêts sont à vanne pour les diamètres supérieurs
à 0,08 ; pour les diamètres inférieurs, ils sont à boisseaux.

Il importe de pouvoir vider les conduites, lorsqu'on a inter-
rompu la circulation de l'eau par les robinets d'arrêts; à cet
effet, on dispose des *robinets de décharge* dont le diamètre est
fixé par la quantité d'eau à écouler, et le temps nécessaire
pour la vidange qu i ne doit pas excéder 30 ou 40 minutes. On
fait alors partir l'eau dans des puisards ménagés à cet effet, à
proximité des robinets de décharge.

L'emplacement de ces deux sortes de robinets n'est pas arbi-
traire ; il est évident que les robinets de décharge doivent être
placés aux points bas des conduites, et les robinets d'arrêts,
aux embranchements des conduites secondaires. Dès lors, il
importe pour l'économie de l'établissement de ménager les
pentes et les contrepentes, de façon que les robinets de
vidange se trouvent près des robinets d'arrêts.

Par ces dispositions consciencieusement étudiées, on arrivera,
avec la disposition générale de la tuyauterie, indiquée dans le
chapitre précédent, à pouvoir intercepter telle ou telle partie
de la canalisation excessivement réduite sans nuire à la marche
générale du service. Tous les appareils de fontainerie, pourront
également s'isoler de la canalisation au moyen *d'un robinet* dit
de service..

Les robinets à boisseau sont placés sous *bouches à clef*, dans une petite chambre en maçonnerie de briques sans mortier, appelée *tabernacle* et présentant des dimensions intérieures de 0. m 20 de coté sur 0 m. 30 à 0 m. 35 de hauteur suivant les épaisseurs des briques ; cette petite chambre recouverte d'une planche de chêne goudronnée ou injectée, communique avec la surface du sol par un tuyau en bois de 0 m. 06 à 0 m. 07 de diamètre intérieur qui vient s'appuyer sur un trou de pareille dimension, percé dans la planche de chêne. Le tuyau, frêté à ses deux extrémités, est fermé par un petit tampon de fonte enchaîné à l'intérieur.

Les robinets de plus grande dimension sont placés dans des regards en maçonnerie de forme carrée et d'environ 1 m. de côté; ces regards sont accessibles par des ouvertures ménagées à la partie supérieure et fermées par des trappes en fonte de 0 m. 60 à 0,70 de diamètre, incrustées dans un chassis en bois qui est arrasé au niveau de la chaussée ou du trottoir. On comprend que les dimensions de ces regards, carrés au fond, doivent aller en se rétrécissant et en forme de voûte pour aboutir à l'ouverture supérieure.

Enfin, il est une disposition spéciale que l'on ne doit point négliger, car elle offre une importance sérieuse pour le bon fonctionnement de la distribution. Quand on met en charge une conduite, l'air qu'elle renferme ne trouve pas toujours une issue convenable, et s'emmagasinant dans les parties hautes, produit des intermittences et des troubles fréquents dans l'écoulement; dès lors, il est indispensable de lui ménager une issue permanente par des petits appareils appelés *ventouses à flotteurs* qui permettent encore de faire rentrer l'air lorsqu'on met la conduite en décharge. Ces appareils sont placés au point culminant, dans de petites chambres dont l'accès doit être facile pour qu'on puisse les visiter fréquemment,

L'expérience a prouvé que si leur emploi est indispensable,

il n'est pas nécessaire de les multiplier ; dans le cas qui nous occupe, nous pouvons prévoir par un aperçu du relief de la ville que nous n'en ferons point une application bien répétée. Du reste, le profit en long définitif nous fixera sur le nombre rigoureusement nécessaire.

Fontainerie. — Les conduites sont destinées, ainsi que nous l'avons vu précédemment, à donner de l'eau non-seulement aux habitations, mais encore à l'arrosage, aux fontaines publiques, aux raccords en cas d'incendie. L'arrosage des rues, le lavage des ruisseaux se font au moyen de bouches sous-trottoirs. Les fontaines publiques se composent des fontaines monumentales qui servent à la décoration et au puisage gratuit, des bornes-fontaines exclusivement réservées au puisage gratuit. Enfin des appareils spéciaux seront disposés comme prise d'eau pour les incendies.

Les fontaines publiques rentrent dans le domaine de l'architecture ; cependant l'adjudicataire sera appelé à présenter des modèles qui pourront être susceptibles d'acceptation.

Les bornes-fontaines sont très-connues. Elles sont en fonte, posées sur un massif de béton, et comme dispositif spécial, porteront sur le fût les armes de la ville de Saint-Dizier.

Elles seront munies d'un raccord pour l'arrosage à la lance et pouvant servir en cas d'incendie. Elles devront être incongelable, toute latitude est laissée à l'adjudicataire qui cependant devra présenter son modèle à l'acceptation, car la ville ne peut abandonner sa liberté d'action ; elle se réserve même le droit de prendre en dehors de l'entrepreneur, le modèle qui lui paraîtra le plus convenable, et l'entrepreneur devra en exécuter la pose.

Des robinets seront placés dans des regards sous-trottoirs, sur la conduite-amorce de chaque borne-fontaine, afin d'intercepter le courant d'eau, s'il est nécessaire pour des réparations.

Comme il n'est pas indispensable d'employer des bornes-fontaines pour le service de la voirie, là où il ne sera pas utile d'avoir un puisage gratuit, nous placerons sous-trottoirs des bouches qui serviront à l'irrigation naturelle, au lavage à la lance, et porteront des raccords à incendie.

Enfin, près des bâtiments publics, partout où le danger du feu est à craindre, et en cela l'administration est juge souverain, lorsqu'il n'y aura pas à portée des bouches sous-trottoirs ou des bornes-fontaines, on disposera des bouches à incendie.

Pour toutes ces prises d'eau, comme pour les bornes-fontaines, l'adjudicataire devra présenter des modèles et, s'ils ne paraissent pas satisfaisants, sera forcé d'accepter ceux qui lui seront présentés par la ville ou de faire exécuter les dessins qui seront déposés à cet effet dans l'ensemble du projet.

D'après le cahier des charges, l'entrepreneur devra garantir pendant deux ans les ouvrages de fontainerie et de robinetterie, qui, au préalable, seront essayés à une pression de 10 atmosphères.

Pendant le délai de garantie, l'entrepreneur entretiendra à ses frais tous les appareils de distribution qu'il aura posés, remplacera ceux jugés défectueux par la ville ou son délégué, et maintiendra le tout dans l'état de service le plus parfait possible.

Ce n'est qu'après ce délai que l'entretien lui sera donné à bail, pendant 4 ans aux prix des bordereaux. Cette clause est tellement importante que l'on devra en faire une condition formelle d'acceptation ou de rejet du traité tout entier, vis-à-vis du soumissionnaire.

Un premier avantage du bail de l'entretien est d'augmenter la garantie imposée à l'entrepreneur, qui doit être intéressé d'autant plus à soigner ses travaux qu'il en est plus longtemps responsable. Un second avantage consiste en ce que l'entrepreneur devant, pendant toute la durée du bail, entretenir la canalisation, la fontainerie et poser les conduites des concessions particulières, devra nécessairement dresser des ouvriers de la localité à cet ouvrage. De cette façon la ville, à l'expiration du traité, aura sous la main un homme habitué à toutes les exigences du service et qui lui présentera toutes les garanties désirables sans qu'il soit nécessaire de rechercher un nouvel entrepreneur.

Pendant toute la durée du bail à forfait passé avec l'entrepreneur, il doit entretenir, nettoyer et réparer tous les appareils, reposer les peintures, graisser les robinets et faire la manœuvre à blanc, au moins une fois par mois.

L'article 28 du cahier des charges, stipule que la remise définitive n'aura lieu qu'à l'expiration du forfait. Elle sera faite en présence du maire, accompagné de deux conseillers municipaux.

§ Pose des tuyaux. Entretien de la conduite.

Pour éviter la gelée, le choc provenant du passage des voitures, les influences trop variables de la température, il est d'usage d'enfouir les tuyaux au moins à 1 m. 00 de profondeur. Nous le stipulons dans l'article 32.

La pose des tuyaux avec joints en caoutchouc devra se faire avec toutes les précautions usitées en pareil cas. Un des premiers soins du délégué de l'administration sera de s'assurer de la qualité des bagues devant faire le joint ; il faut que le caoutchouc renferme une proportion de soufre suffisante pour que la densité en soit un peu inférieure à celle de l'eau. Toutes les bagues qui, jetées dans un vase plein d'eau, ne surnageraient pas, seront rejetées immédiatement.

De plus, pour éviter l'oxydation des parties extérieures, on exigera de l'entrepreneur qu'il revêtisse le joint d'une couche de brai de goudron posée à la main, et les accessoires en fer, tels que boulons, pattes ou autres, d'une couche de coltar, semblable à celle posée sur les tuyaux.

Bien qu'il soit stipulé que l'on fera usage de joints en caoutchouc, il est cependant indispensable d'employer des joints à brides, là surtout où l'on suppose qu'il y aura des réparations fréquentes ; c'est ainsi que les robinets valves et autres devront être ajustés sur les conduites. On disposera également des joints à brides de loin en loin sur la canalisation, pour faciliter les démontages.

Ces joints à brides se font avec des rondelles en plomb enveloppées de 2 rondelles en cuir gras, et soigneusement mâtées après le serrage des boulons. L'article 39 vise ce joint, avec tous les détails.

La pose des tuyaux sera payée en mètre courant, sur les longueurs effectives des conduites, coudes compris ; il n'est fait qu'un prix unique pour toutes les pièces ordinaires en fonte qui entrent dans cette pose.

On ne fait d'exception que pour les modèles spéciaux, qui ne reçoivent qu'une seule application, le prix en est alors augmenté de quarante 0/0.

Par l'article 46, l'entrepreneur sera encore tenu d'entretenir la canalisation pendant un an, à ses frais, à dater de la mise en service public.

Après l'année de garantie, il restera chargé à forfait pendant 5 ans de l'entretien général.

§ 3. — TRAVAUX DE BRANCHEMENT SUR LA VOIE PUBLIQUE CONCESSIONS PARTICULIÈRES (FOURNITURES ET MAIN-D'OEUVRE).

Cette troisième partie des travaux spéciaux de la canalisation, fait l'objet du chapitre huitième du cahier des charges. Nous l'avons rangée dans la même catégorie que les travaux précédents parce que nous tenons essentiellement que les particuliers ne puissent choisir d'autre fontainier que celui de la ville, au moins pour toute la partie qui regarde la voie publique ; il est essentiel que l'administration reste constamment maîtresse et dirige ces travaux à sa guise. Elle impose du reste à l'entrepreneur des obligations qui sont pour le concessionnaire une garantie de la bonne exécution des travaux, et que nous signalons par les articles 48 et suivants du cahier des charges.

Il faut en effet que les tuyaux, les robinets, employés dans les concessions particulières soient absolument les mêmes que ceux exigés pour la distribution générale, et soumis aux mêmes conditions.

Il faut que l'entrepreneur garantisse son travail pendant un an, et l'entretienne à ses frais, pendant ce laps de temps.

Au bout de cette année, l'entretien restera encore à sa charge pendant 5 ans, aux prix portés au bordereau.

En général et pour tous les travaux à forfait de ce chapitre, l'entrepreneur sera responsable en ce qui concerne les réglements de police : il devra déposer des échantillons et modèles de toutes pièces et accessoires, à la mairie de Saint-Dizier ; il devra se tenir constamment aux ordres de l'administration ; à cet effet il fera élection de domicile à Saint-Dizier, où il aura un agent qui viendra prendre les ordres du maire, à jour et heure fixe. En cas d'incendie, l'entrepreneur ou son agent se mettront immédiatement à la disposition de l'administration.

L'article 66 vise les délais d'exécution des réparations, et les retenues pour retard ou négligence à appliquer à l'entrepreneur.

Ces retenues seront prélevées sur le montant des travaux auxquels elles seront imposées, et opérées sur les paiements qui seront faits.

La réception définitive ne sera exigible qu'à la fin du bail ;

sera prononcée par le maire sur le visa d'une commission spéciale nommée à cet effet. L'entrepreneur ne sera payé des deux derniers trimestres, pour ces travaux d'entretien, qu'après la réception définitive.

Les travaux d'entretien de la canalisation générale seront fixés à la somme de 0,03 fr. par mètre courant, ceux des branchements, pour bornes-fontaines, bouches d'eau, ou établissements de la ville a 0,025 fr.; un prix fixe porté au bordereau des prix est applicable à chaque appareil.

Nous évaluerons alors la dépense totale affectée à ce chapitre,

Pour la robinetterie et la fontainerie y compris une somme de 25,000 fr. à prévoir pour les fontaines monumentales, ainsi qu'il est dit au tableau du chapitre 9, à la somme de   37.740 f. 00

Quant à l'entretien de la canalisation, de la fontainerie et de la robinetterie, il sera fixé d'après la canalisation et le nombre des appareils mais nous pouvons l'évaluer à fortiori à environ :

Pour la canalisation	150 fr·
Pour la robinetterie	350 »
Pour la fontainerie	500 »

                                        1.000 fr 00

CHAPITRE HUITIÈME

MODE DE DISTRIBUTION. — TARIF D'APPLICATION.

Nous ne pouvons terminer ce travail, sans étudier le mode de distribution aux concessions particulières, sans dire un mot du puisage gratuit aux bornes-fontaines.

Notre opinion conforme à celle de la plupart des ingénieurs

qui s'occupent de ces questions si intéressantes, est corroborée d'une façon tellement précise dans un rapport fait par M. Blavier, ingénieur en chef des mines, sur les concessions anglaises, que nous ne pouvons mieux faire que d'en extraire les principaux passages :

..... « Des deux systèmes de distribution d'eau employées à Londres, le Conseil général de salubrité publique a victorieusement démontré l'avantage du système continu sur le système intermittent.

« Dans le système intermittent, la conduite de la rue envoie de l'eau pendant un temps déterminé, variant de 1 h. à 2 h. dans un réservoir en plomb, situé à un étage supérieur de la maison.

« Quand les citernes sont pleines, le surplus de l'eau s'écoule par un tuyau de décharge et se perd dans le sol ; de là, perte considérable. Pour les puisages gratuits, la distribution se fait au moyen de robinets fournissant de l'eau pendant 1 h. ou 2 h. par jour.

« Dans ce système, les frais d'entretien et d'établissement des citernes s'élèvent à une somme considérable, et qui est pour chaque maison à peu près égale au prix d'abonnement de l'eau.

« Cette dépense est complétement supprimée dans l'alimentation continue. Par ce système, les conduites sont toujours en charge, et l'abonné possède un ou plusieurs robinets par lesquels il peut avoir de l'eau à toute heure de la journée, et selon ses besoins. Cette eau, du reste, en communication avec l'eau du réservoir, est toujours fraîche et limpide, tandis qu'après un séjour de vingt-quatre heures dans une citerne, elle devient chaude, se charge de matières en suspension dans l'air, et donne souvent lieu à des végétations qui en altèrent la pureté, et la rendent malsaine. »

Le système continu, selon nous, présente encore d'autres avantages éminemment sérieux. Le diamètre des tuyaux des lignes secondaires sera sensiblement diminué, puisqu'ils ne devront fournir qu'en 12 h. ce que, dans l'autre système, ils doivent livrer en 2 h. L'eau se trouve toujours en charge, remplissant complétement les conduites ; on évite ainsi sur les surfaces métalliques, le contact intermittent d'eau et d'air qui contribue à les altérer rapidement.

Le système intermittent a l'inconvénient énorme d'exiger une armée de fontainiers qui doivent, aux frais de la ville, fermer et ouvrir les robinets à heure fixe : or, dans les cités où il fonctionne, il est arrivé, à plusieurs reprises que par la négligence d'un manœuvre, tout un quartier a été privé d'eau durant la journée entière.

Le système continu nous donne encore de grandes facilités, pour l'arrosage, le nettoyage des rues, et surtout l'extinction des incendies. Un ingénieur anglais, M. Buddley affirme que sur 838 incendies qui ont occasionné des désastres sérieux à Londres en 1849, les deux tiers auraient pu être évités avec les conduites toujours en charge d'une alimentation constante. M. Blavier nous fait encore remarquer l'avantage précieux qui en résulte pour le lavage et l'arrosage des rues à la lance :

« Dans les expériences faites à Sheffield, dit-il, on a reconnu qu'avec un jet d'eau assez puissant, on arrivait à réduire des 2[3 les dépenses en temps et en argent pour le lavage et le balayage des rues. Il résulte d'autres expériences faites avec soin à Londres même que l'artère la plus fréquentée de la cité, le Strand, pouvait être chaque matin lavée en une heure, à raison de 0 fr. 20 à 0 fr. 40 par maison et par semaine, et que, dans les autres quartiers, pour 0 fr. 10 par maison et par semaine, les voies principales pouvaient être lavées une fois par jour et les rues secondaires deux fois par semaine. Les effets hygiéniques obtenus par ce procédé sont excellents ; aussi, pendant le choléra de 1849, on se servait à Londres des robinets placés en cas d'incendie, pour assurer fréquemment le lavage des rues habitées par les classes populeuses. »

De ces différentes considérations, nous concluons que nous appliquerons le système continu dont les avantages, cités plus haut, sont incontestables.

Mais alors, quelles dimensions adopterons-nous pour les robinets des concessions particulières; prescrirons-nous les robinets de jauge, de façon à ce que l'abonné ne puisse se procurer en 12 h. que la consommation nécessaire à toute la journée?

Ce système, employé encore, ne nous parait pas pratique : car, si l'on calcule, par exemple sur une consommation de 1,500 litres par jour, dans une maison bourgeoise ordinaire, le robinet jaugé débitera à peine 2 litres par minute ; et mettra par conséquent 10 minutes pour remplir un sceau de 20 litres.

Cela n'est pas admissible, il faut alors rétablir les réservoirs particuliers, ce que nous n'accepterons que pour un seul cas, le lavage et l'arrosage des cours et jardins, mais ce que nous proscrirons d'une façon complète pour les alimentations particulières. Car, avec de pareilles systèmes, nous restreindrions la consommation à sa plus faible limite, nous perdrions le seul moyen de tirer un léger profit de nos dépenses, mais avant tout et surtout, nous négligerions le véritable, le seul but de nos efforts et de nos sacrifices : « donner de l'eau dans de larges proportions, favoriser et augmenter, par tous les moyens, les conditions d'hygiène et de salubrité. »

Nous établirons donc des robinets pouvant donner de l'eau, largement et rapidement, nous compterons avec confiance sur a raison publique pour qu'il n'y ait pas d'abus dans l'application. L'extrait d'un rapport fait au Conseil général de salubrité de Londres, par un médecin d'Asthon, ville située près de Manchester, confirme encore notre manière de voir.

« L'expérience faite dans cette partie de l'Angleterre, prouve que le système d'alimentation *constante et illimitée* est le mode le plus économique de fournir de l'eau aux habitations particulières. En 1843, la consommation, basée sur le nombre de concessions et la quantité d'eau demandée, devait être de 248 litres par maison, à raison de 45 litres par tête, et l'expérience a prouvé depuis qu'elle n'avait pas dépassé 180 litres par maison, soit 32 litres par tête.

A Paris, relate M. Dupuit, il existe des milliers d'abonnés à discrétion, et les abus y sont excessivement rares.

Quant au puisage aux fontaines publiques, et bornes-fontaines, il va sans dire qu'il sera complétement gratuit. Nous n'approuvons nullement le système de quelques villes, qui cherchent à tirer d'une distribution d'eau tout le parti possible au point de vue des intérêts financiers, en restreignant complétement le nombre des bornes-fontaines.

« Le lavage des rues, a dit M. Emmery, ancien ingénieur en chef des eaux de Paris, est sûrement bien utile ; mais consultez les hommes de l'art, reprenez tous les procès-verbaux des commissions sanitaires, et ils vous diront qu'il est bien autrement important de laver les allées des maisons, les petites cours intérieures mal aérées, les lieux d'aisances qui y sont ordinairetment placés, les rez-de-chaussées. Ils ajouteront qu'il faut toujours donner à la classe malheureuse la possibilité de multiplier gratuitement les lavages de toute espèce, soit du corps, soit du linge, qui souvent se trouve réparti en proportion si faible à chaque individu. Voilà nous répéteront-ils, comment vous attaquerez avec profondeur la question de l'assainissement intérieur des villes. Tel est le service immense que rendront les puisages gratuits aux bornes-fontaines. »

L'eau, qui touche de si près à la santé publique, qui est un élément essentiel de salubrité surtout dans les grandes agglomérations, l'eau, disons-nous, pas plus que l'air ne peut se marchander, et quiconque n'en fait point un objet de luxe, mais bien une question d'hygiène, doit pouvoir participer gratuitement et à toute heure au bien être général.

Nous limitons, il est vrai, les revenus probables des concessions particulières, mais nous sommes persuadés que le Conseil municipal, soucieux des véritables intérêts de la ville, considérera qu'une telle création est avant tout une œuvre d'utilité publique, et sanctionnera notre proposition.

Par suite du système d'alimentation continue, qui sera certainement adopté, les conduites étant toujours en charge, les bornes-fontaines seront multipliées et, par un robinet d'une manœuvre facile, resteront constamment à la disposition du public.

§ 2. — TARIF D'APPLICATION.

Dès lors quel tarif appliquer aux concessions particulières?

Nous pensons qu'avec un puisage gratuit, les concessions particulières seront peu nombreuses, et elles le seront d'autant moins que le tarif sera plus élevé ; mais la décision à prendre étant complétement du ressort administratif, nous nous contenterons d'exposer dans ces lignes les différents systèmes que nous avons vu appliquer.

A Londres, les concessions se paient par maison et par logement annuellement ;

Pour un logement de 1 chambre, on paie	6 f. 25
» de 2 »	10 »
» de 5 »	15 »

Par maison	de 2 chambres, on paie	12 fr.	à	15	fr.
»	de 3 »	17 50		20	»
»	de 4 »	22 50		30	»
»	de 5 »	25 »		35	»
»	de 6 »	30 »		31	50
»	de 7 »	32 50		41	»
»	de 8 »	37 50		52	50
»	de 9 »	47 50		55	25
»	de 10 »	52 50		62	50

Au dessus de 10 chambres, on paie 6 fr. 25 en plus par chambre.

Un autre système consiste à faire un tarif d'abonnement, suivant la valeur locative des maisons.

Sur un loyer	de 250 à 500 fr. on paie	7 1/2 p. 0/0
»	de 500 1.000 »	7 »
»	de 1.000 1.500 »	6 »
»	de 1.500 2.000 »	6 »
»	de 2.000 2.500 »	5 1/2
Au dessus	de 2.000 » »	5 »

Il faut ajouter aux chiffres ci-dessus.

Par water closer	6 fr. 25
» kilomètre de route	17 »
» cheval	4 25
» voiture à 4 roues	6 25
» » 2 »	3 15

A Paris, les abonnements se font suivant les circonstances d'après un des systèmes suivants : 1° Par robinet de jauge, les eaux étant reçues dans un réservoir spécial ; 2° par attachement (robinet à heure fixe) ; 3° par estimation sans jaugeage, (applicable seulement pour les eaux de l'Ourcq, et affecté au service des étages supérieures) ; 4° par compteurs.

Le prix annuel du mètre cube d'eau, est fixé ainsi par fourniture journalière de :

		Ourcq.	*Seine.*
250 litres,	à		60 fr.
500 »	»		100
de 1 à 5 mètres cubes	»	60 fr.	120
Au-dessus de 5 m. c. jusqu'à 10	»	50	100
Au-dessus de 10 » jusqu'à 20	»	40	80

Au-dessus de 20 mètres, on traite de gré à gré.

Nous pouvons encore donner comme terme de comparaison, la ville de Reims, qui exploite elle-même sa distribution et vend à raison de 7 fr. par hectolitre et par an. Les eaux sont fournies par estimation et au moyen d'un robinet libre fixé à la prise d'eau.

Mais le robinet à jauge peut être imposé à telle époque que ce soit de l'abonnement.

Enfin, il est un troisième mode employé dans le Nord, et qui tarife à un minimum par personne. Nous donnons des exemples très-opposés pris à Valenciennes, Cambrai, Lille :

Les eaux y sont également fournies par robinet libre, pour les usages domestiques, et se paient :

	à Valenciennes.	Cambrai.	Lille.
Au minimum par 1 ou 2 personnes	9 fr.	23 fr.	10 fr.
» 3 »	12	25	14
» 4 »	15	31	18
» 5 »	18	37	22
» 6 »	21	34	26
Par chaque personne en plus	2	6	3
Par cheval ou tête de gros bétail	5	10	6
Par voiture de luxe à 2 roues	5	18	5
» à 4 roues	5	18	5
Par are de jardin	2	15	16

Les eaux pour les concessions industrielles, doivent être jaugées au moyen d'un compteur accepté par l'administration.

Voici quelques prix fixés dans les villes précédentes :

Pour une consomm. annuelle au-dessous de	2.000 m. c. p. m. c.		0 f. 20
Au delà et jusqu'à	10.000 »	»	0 14
Au delà de	10.000 »	»	0 05

On voit par les exemples précédents, et en s'appuyant sur les données du § 3 de l'introduction, que l'on peut toujours former un tarif rationnel pour les concessions à robinet libre et sans jaugeage.

Nous joignons, du reste, au dossier qui accompagne notre rapport, un projet d'application des tarifs à la ville de St-Dizier.

CHAPITRE NEUVIÈME

ÉVALUATIONS DE LA DÉPENSE. — VOIES ET MOYENS D'EXÉCUTION. — CONCLUSION.

§ 1ᵉʳ. — ÉVALUATION DE LA DÉPENSE. — CONSÉQUENCES FINANCIÈRES.

Le tableau annexé nous donne une évaluation approximative de la dépense s'élevant à la somme de F.   305,793   »
à laquelle il faut ajouter 1/10 par frais imprévus, soit.............................   34,207   »

Total........F.   340,000   »

Nous pouvons assurer que cette somme ne sera pas dépassée ; car les prix de série que nous adoptons sont assez élevés pour subir un rabais considérable, et tenter la concurrence pour les travaux succeptibles d'adjudication. Pour les autres qui devront être traités à l'amiable, nous avons surfait également nos évaluations, tout en adoptant les chiffres courants du commerce qui ont un certain écart avec ceux de fournitures aussi importantes.

Dès lors, nous pouvons nous rendre compte assez exactement du prix de revient du mètre cube d'eau ; il suffit d'évaluer les charges annuelles qu'entraînera l'établissement de la distribution et qui sont :

Intérêt à 5 p. 0/0 du capital engagé. . . . . . F.   17,000   »

Un mécanicien et un chauffeur-fontannier (lorsque le bail avec l'adjudicataire aura pris fin). .   3,000   »
Entretien de la canalisation.   1,000   »
Charbon $6^k,80 \times 2^k,15 \times 12^h \times 360^j \times 4^f,04$. .   2,500   »
Graissage.   300   »
Entretien des bâtiments et réservoirs.   600   »

    7,400   »

Ensemble. . . . F.   24,400   »

Desquels il convient de retrancher l'entretien actuel des Pompes.............................   900   »

Total. . . . . F.   23,500   »

Ce qui porte le prix du mètre cube aujourd'hui,
à $\dfrac{25,500}{1000 \times 360} = 0^f.065$. Lorsque la distribution aura pris toute
son extension, qu'elle utilisera les 2000 mètres projetés au
moyen de deux machines élévatoires, le mètre cube reviendra
à $\dfrac{30,000}{1000 \times 360} = 0^f,044$. Or si nous comparons ces chiffres avec
ceux obtenus dans différentes villes, nous remarquerons que
le mètre cube coûte .

A Bruxelles	0,045
A Lyon	0,041
A Lille	0,044
A Châteauroux	0,070

En général, le prix moyen du mètre cube est de $0^f,05$, pour
les grandes distributions, et varie pour les autres de $0^f,05$ à
$0^f,15$, suivant une progression qui est en sens inverse du volume d'eau consommé.

Nous n'avons point tenu compte dans l'évaluation des dépenses annuelles, des frais de direction et surveillance générales ; et cela se comprend : car il n'est pas nécessaire de créer
pour le bon fonctionnement de la distribution un service spécial ; cette charge rentre tout naturellement dans les attributions
de l'agent-voyer municipal, ou à son défaut, de l'architecte-
voyer.

Par suite, les chiffres précédents nous donnent une approxi-
mation suffisante pour nous permettre de conclure que notre
projet est combiné dans de bonnes conditions d'économie.
Mais il ne faut pas que le Conseil municipal puisse s'attendre à
procurer des bénéfices à la caisse de la ville. Nous avons déjà
insisté sur ce point qu'une distribution d'eau complète comme
celle dont nous voulons doter notre pays, est avant tout une
œuvre philantropique et d'intérêt général. L'établissement de
Fontaines rentre dans la catégorie des grands travaux publics

des communes tels que l'ouverture des rues, la construction des églises et des mairies, desquels on ne doit espérer aucun profit pécuniaire.

La ville doit s'imposer un lourd sacrifice, celui du capital engagé : c'est une perte réelle au point de vue des finances, mais c'est un rapport inappréciable au point de vue moral de la salubrité, de l'hygiène et de la sécurité générale.

La seule satisfaction que nous puissions avoir, c'est de contrebalancer l'entretien annuel par des concessions particulières. Nous venons de voir, en mettant de côté l'intérêt du capital de fondation, que cet entretien s'élève à f. 7,400. Il est admis que le chiffre des concessions est environ 2 1/2 à 3 p. 0/0 du capital engagé, ce qui produirait à Saint-Dizier un chiffre moyen de 9,000 fr. Il ne faut pas nous faire illusion ; il est bien certain que, dès le début surtout, nous n'obtiendrons point un résultat si important. Nous avons cependant de fortes présomptions de croire que nous couvrirons les frais généraux ; car, nous avons la certitude que, si nous pouvons offrir à la Compagnie de l'Est un avantage sérieux sur le système employé aujourd'hui pour le service de notre gare, elle prendra l'eau qui lui est nécessaire, à la distribution générale ; cette concession n'est point à dédaigner puisqu'elle serait de 30,000 mètres cubes environ par année ; or, le mètre cube revient actuellement à 0ʳ,10 pour la Compagnie ; il est donc possible d'arriver à une entente sérieuse et à un arrangement qui ne peut être que très-avantageux aux deux parties intéressées.

Quant aux concessions particulières, elles nous donneront un résultat appréciable. A Chaumont, par exemple, alors que l'on distribuait à peine 100 mètres par jour, on avait obtenu 2,000 fr. d'abonnements ; aujourd'hui que des efforts incessants ont été faits par les diverses administrations qui se sont succédées depuis cinq ans, pour augmenter le débit de l'eau par la captation de diverses sources, les réservoirs peuvent fournir en moyenne 1,200 mètres ; dès lors, on a pu doubler très-rapidement le rapport annuel sans préjudice des augmentations qui se produiront encore, ainsi qu'il résulte du rapport de M. le Maire de Chaumont au Conseil municipal.

A Saint-Dizier, nous aurons des ressources spéciales. Dans le quartier de la ville si complétement privé, nous verrons la majeure partie des habitations bourgeoises s'assurer une provision sérieuse, surtout lorsqu'elles sauront que l'eau que leur feurnit la distribution est fraîche, salubre et bien supérieure comme qualité à celle que donnent les rares puits qui servent actuellement à l'alimentation. Nous ne mettons pas en doute que les riches propriétaires profiteront de la surabondance de la distribution qui permettra de faire des concessions considérables d'agrément. L'établissement du collége hâte de tous ses vœux l'organisation d'un service municipal des fontaines ; là plus qu'ailleurs, les eaux potables sont indispensables pour la santé et le bien-être de la jeune population qui l'habite.

L'établissement hydrothérapique est directement intéressé à notre création par suite de sa position ingrate ; son concours ne nous fera pas défaut.

Toutes ces prévisions, loin d'être imaginaires, peuvent être considérées maintenant comme un fait accompli ; aussi, pénétré que nous sommes de l'importance capitale de ce projet, persuadé que nous parviendrons à couvrir les frais généraux de l'entreprise, nous n'hésitons pas à en proposer l'exécution immédiate au Conseil municipal ; loin d'être arrêté par une dépense première un peu élevée, il n'hésitera pas devant l'accomplissement d'une œuvre dont la création est aujourd'hui de nécessité première, et doit être considérée comme un devoir par les édiles de Saint-Dizier.

§ 2. — VOIES ET MOYENS D'EXÉCUTION.

La dépense totale de premier établissement étant de 340,000 fr. quels seront les voies et moyens à employer pour procurer cette somme à la caisse municipale ?

Nous laisserons à de plus autorisés en matière de finances le soin de résoudre cette grave question. Nous nous contenterons d'exposer, en quelques lignes, les divers modes employés d'ordinaire avec quelques réflexions qui nous sont suggérées par le cas particulier qui nous occupe.

Le moyen le plus simple pour mener à bonne fin un travail de cette importance serait évidemment d'avoir recours à une entreprise particulière qui, moyennant une subvention annuelle représentant le prix de l'eau nécessaire à l'édilité, se chargerait de la distribution. Or, par suite du puisage gratuit aux bornes-fontaines, aucune société ne se décidera à prendre un pareil fardeau dans une ville où les chances de concessions sont si faibles ; on devrait lui offrir une subvention bien supérieure, qui serait évaluée à 19 p. 0/0 au moins du capital engagé, soit 35 à 40,000 fr., puisqu'il faudrait couvrir en plus l'entretien annuel et l'amortissement.

Une entreprise de ce genre a sa raison d'être dans de grandes cités, telles que Paris, Lyon, Marseille, Londres, où les besoins sont impérieux, où l'eau, véritable marchandise, se paie partout même aux fontaines publiques ; dans des villes industrielles à puisage gratuit comme Epernay, où les dépenses de premier établissement sont, il est vrai, de 400,000 fr., mais où l'on a pu trouver 45,000 fr. d'abonnement. Mais elle ne peut avoir de chance de succès à Saint-Dizier, où les besoins industriels jouent un rôle très-secondaire.

C'est donc une solution qu'il faut écarter.

Etant admis, cependant, que la ville se réserve la libre distribution de l'eau, et l'administration du service, il serait peut-être possible de trouver, pour certaines parties de travaux, un ou plusieurs entrepreneurs qui accepteraient l'adjudication avec remboursement par annuités, en dix ans, par exemple.

Saint-Dizier dont les revenus augmentent tous les ans, pourrait ainsi par le maintien des tarifs d'octroi et des centimes additionnels, arriver à l'amortissement d'une dette importante; mais il est certains ouvrages tels que l'établissement des maçonneries et des moteurs pour lesquels il nous semble difficile d'appliquer ce système, et pour le paiement desquels la ville serait obligé d'avoir recours à des ressources spéciales et immédiates.

C'est en suivant cet ordre d'idées que l'on pourrait, par l'avance de quelques coupes extraordinaires, et au besoin, par un emprunt à long terme, arriver à la solution complète du problème.

Nous avons bien entendu parler par quelques personnes de l'aliénation des propriétés de la ville; mais quelques séduisantes que puissent paraître les combinaisons financières susceptibles d'application par ce procédé, nous le repoussons énergiquement, parce qu'il a l'inconvénient majeur d'engager l'avenir et la responsabilité administrative.

La ville aura donc recours à un emprunt si elle ne trouve point dans ses réserves la possibilité de couvrir complétement la dépense; elle pourrait alors profiter de la loi du 6 juillet 1860, qui permet aux communes d'emprunter à long terme au crédit foncier et à des conditions bien moins onéreuses qu'à l'industrie ou à la propriété privée. Car pour 50 ans, l'intérêt et l'amortissement ne s'élèvent qu'à 5 1/2 p. 0/0, et pour 36 ans, à 6 p. 0/0. Un prêt de ce genre se fait en numéraire et sans droits de commission.

§ 3. — Conclusion.

C'est ainsi que la ville de Saint-Dizier, dont les besoins sont si impérieux, si incessants, se trouvera munie d'une large et complète distribution d'eau, qu'elle réclame depuis plus de **30** ans.

C'est ainsi qu'au lieu de quelques puits fétides et tarissables qui servent seuls aux besoins d'une notable partie de la population, l'alimentation sera assurée par la distribution journalière de **2,000** m. c. d'une eau claire, fraîche et potable.

C'est ainsi que les services publics se trouveront largement et constamment pourvus, et répandront à profusion l'eau pour le lavage et l'arrosage des rues, des ruisseaux, des cours et des rez-de-chaussées, conditions premières de salubrité.

La Marne seule, pouvait nous donner de semblables résultats.

Quoique l'on dise, quoique l'on fasse, tout projet, toute étude nouvelle, doit retomber invariablement dans le même cercle si clairement défini dans le rapport de la commission de 1868, en ces termes :

« Un examen attentif nous a démontré que les sources étaient trop peu abondantes pour faire face aux besoins de la ville. Cet examen nous a conduits à cette conséquence, admise aujourd'hui par votre commission tout entière, qu'il ne faut chercher ni dans le sous-sol, ni dans les contrées environnantes, l'eau nécessaire à l'alimentation et à l'assainissement de la ville de Saint-Dizier. Il nous reste une ressource et celle-là est inépuisable : LA MARNE....... »

Nous avons dans ces pages exposé brièvement le travail auquel nous nous sommes livré pour accomplir la mission qui nous était donnée ; nous remercions l'Administration et le Conseil municipal de leur bienveillante sympathie, nous leur en témoignons notre profonde gratitude et nous nous estimerons très-heureux, si nous avons pu mériter la haute confiance dont ils ont bien voulu nous honorer.

Saint-Dizier, le 1er décembre 1875.

H. GARNIER.

Saint-Dizier. — Typographie CARNANDET, rue de Laune, 10.

ÉVALUATION SOMMAIRE DE LA DÉPENSE.

Nᵒˢ	INDICATION DES DÉPENSES	QUANTITÉS	PRIX de L'UNITÉ	DÉPENSES PAR ARTICLE	DÉPENSES PAR OUVRAGE
1°	Acquisition de terrains pour réservoirs.	25 ares	400 f.	10.000	10.000
2°	FILTRES. GALERIES SUR 10 MÈTRES DE LONGUEUR				
	Terrassements, (fouilles et recouvrements)	600 m. c.	1 50	900	
	Maçonnerie en pierre sèche	50	15 »	390	
	Maçonnerie en mortier de chaux hydraulique	500	18 »	5.400	
	Béton	50	50 »	1.500	
	Maçonnerie de briques	15	50 »	750	
	Chapes en mortier	90 m. q.	1 50	155	
	Escalier en fonte, plancher en fer, etc.			1.000	
	Couverture			145	
	Cintres	160	4 »	640	10.860
3°	RÉSERVOIR.				
	Terrassements (fouilles et mouvements)	600 m. c.	1 50	900	
	Maçonnerie de meulière avec mortier hydraulique	2150	35 »	75.250	
	Béton	350	50 »	10.500	
	Enduits de 0,05 d'épaisseur moyenne au mètre carré.	1280 m. q.	4 »	5.120	
	Maçonnerie de briques, piliers —	20 m. c.	40 »	800	
	» » voûtes	100	50 »	5.000	
	Chapes en mortier hydraulique —	100 m. q.	1 50	150	
	Cuitres	820	4 »	3.280	
	Fers			5.000	
	Couverture en sable ou terre	350 m. c.	2 »	700	104.700
4°	BATIMENTS DES MACHINES, DES CHAUDIÈRES.				
	LOGEMENT DU MÉCANICIEN.				
	Évaluation comparative			40.000	40.000
5°	MACHINES, POMPES, GÉNÉRATEURS.				
	Une machine horizontale de la force de dix chevaux			15.200	
	Une pompe Girard, y compris reservoirs d'air, vannes, etc.			13.000	
	Une chaudière à foyer amovible, (Thomas et Laurens), de 150 m. c. de surface de chauffe			5.000	
	Un foyer de rechange			2.400	
	Tuyauterie et robinetterie			2.400	40.000
	CANALISATION.				
	Tuyaux de 0ᵐ30 de diamètre, posés	300 m. l.	29 75	8.925	
	» 0 25	600	23 75	16.250	
	» 0 20	840	16 50	15.860	
	» 0 15	1180	12 90	15.226	
	» 0 10	480	8 65	1.557	
	» 0 08	200	6 50	1.300	
	» 0 06	1150	4 50	5.375	62.493
	Ensemble	4450			
6°	ROBINETTERIE ET FONTAINERIE.				
	Robinetterie			5.000	
	Fontainerie, y compris fontaines publiques, savoir				
	Bornes fontaines, pose et regards compris	40	300 »	12.000	
	Bouches d'eau sous trottoirs, pose et regards	50	150 »	4.500	
	Bouches à clef	150	8 »	1.240	
	Fontaines publiques			15.000	37.740
	Total général			Fr.	305.793

www.ingramcontent.com/pod-product-compliance
Ingram Content Group UK Ltd.
Pitfield, Milton Keynes, MK11 3LW, UK
UKHW021348100726
13657UKWH00006B/1066